犯罪心理全档案

第一季

凝视深渊 著

U0781586

台海出版社

图书在版编目（CIP）数据

犯罪心理全档案. 第一季 / 凝视深渊著 . -- 北京：
台海出版社，2019.6
ISBN 978-7-5168-2319-4

Ⅰ.①犯… Ⅱ.①凝… Ⅲ.①犯罪心理学—普及读物
Ⅳ.① D917.2-49

中国版本图书馆 CIP 数据核字（2019）第 065650 号

犯罪心理全档案·第一季

著　　者：凝视深渊

责任编辑：王慧敏　贾风华
责任印制：蔡　旭

出版发行：台海出版社
地　　址：北京市东城区景山东街 20 号　邮政编码：100009
电　　话：010 — 64041652（发行，邮购）
传　　真：010 — 84045799（总编室）
网　　址：www.taimeng.org.cn/thcbs/default.htm
电子邮箱：thcbs@126.com

经　　销：全国各地新华书店
印　　刷：天津旭非印刷有限公司
本书如有破损、缺页、装订错误，请与本社联系调换

开　　本：710 毫米 × 1000 毫米　1/16
字　　数：200 千字　　　　　印　　张：16
版　　次：2019 年 6 月第 1 版　印　　次：2020 年 1 月第 1 次印刷
书　　号：ISBN 978-7-5168-2319-4

定　　价：49.80 元

前　言

犯罪是人类社会自古以来就存在的顽疾。人类社会的发展与进步就是一部与犯罪行为做斗争的历史。探索罪犯的内心世界，了解他们为何会实施形形色色的犯罪行为，是一个令人着迷的领域。在这个领域中，最有挑战性，也最吸引人的是对凶杀案，尤其是连环杀手犯罪心理的研究。在各种各样的罪犯中，连环杀手无疑是最疯狂、最残忍，也最令人费解的异类。他们无法控制自己的杀戮欲望，只有杀人才能平息他们内心的躁动不安，他们就像干渴的人渴望水一样渴望鲜血。所以，期望他们能够主动放下手中的屠刀是不现实的，连环杀手要么自杀，要么被捕，否则，他们就会一直寻找和屠杀"猎物"。

连环杀手的内心世界是最为阴暗、扭曲的。他们性侵、虐待、肢解被害人，甚至有以人为食的欲望。如此变态的精神世界是如何形成的呢？他们是天生的罪犯，有着一颗与常人不同的大脑？或者他们有着特殊的人生经历，尤其是童年时生活在贫穷、混乱、暴力的环境中？或者他们曾受到过常人无法想象的痛苦和伤害，导致一个普通人变成了恶魔？每个连环杀手都有自己的故事，他的罪行不过是其漫长的成长之路上结出的罪恶果实。

了解连环杀手，最好的办法就是读懂他们的故事。这不仅仅是为了猎奇，更是为了了解错综复杂的人性，了解我们自己。人性是神性与兽性的结合体，在我们每个人的内心世界中都潜伏着一头怪兽，当它被某种微妙的因素唤醒时，我们也可能成为罪犯,甚至是罪犯中最恐怖的连环杀手。所以,我们需要在开阔视野的基础上自我修炼和完善,让自己的人生道路始终沿着正确的方向延伸,获得每个人都渴望的人生幸福。

这套《犯罪心理全档案》是作者长期关注连环杀手犯罪,多年收集、整理材料,解析连环杀手犯罪心理的成果。在此之前,作者已经创作和出版了多部犯罪心理著作。作为作者的集大成之作,相信《犯罪心理全档案》会给读者带来崭新的阅读体验和启迪。

目　录

Criminal Psychology

19 世纪的恶魔家族——

本德家族

1873 年春季的某一天，威廉姆斯·约克驾驶着马车来到了艾奥瓦州的拉贝特郡，当时天色已晚，威廉姆斯必须赶紧找到一家旅馆落脚，第二天再出发。威廉姆斯来艾奥瓦州是为了寻找邻居乔治·兰切的下落。

在 1872 年的冬天，乔治在办理完妻子的后事后，告诉威廉姆斯，他决定带着女儿到斯科特堡定居，他答应威廉姆斯，到了目的地后会写信给他。但几个月过去了，威廉姆斯一直没有收到乔治的来信，他很担心，于是决定到斯科特堡打听乔治的下落。威廉姆斯的哥哥爱德华上校就居住在斯科特堡，尽管有爱德华的帮助，威廉姆斯还是没有打听到乔治的踪迹，于是他决定离开，他向爱德华保证，回家后一定会写信给爱德华。

当他来到拉贝特郡时，天色越来越暗，威廉姆斯看到了一块破旧的旅馆招牌，就决定在这家旅馆休息一晚。但他不知道，他寻找的乔治就是在这家旅馆里永远地消失了。

这是一家气氛十分诡异的旅馆，除了前台服务员外看不见其他人，在连接大厅和里屋的通道上，挂着一块肮脏的布帘，旅馆内的光线十分昏暗。当时的威廉姆斯十分疲惫，他只想着能赶紧上床睡觉，虽然这家旅馆让他难以适应，但他还是决定在这里凑合一晚。

招待威廉姆斯的服务员倒是很热情，她对威廉姆斯说自己是灵魂主义的治疗者，如果需要的话，她可以帮助威廉姆斯缓解疲劳。之后，服务员将威廉姆斯带到了房间内。威廉姆斯似乎很不安，于是就问道："这家旅馆是你自己经营的吗？"服务员回答说："这家旅馆是我父母开的，我和弟弟经常在这儿帮忙，今天晚上我值班，他们去镇上采购。"听到服务员的回答后，威廉姆斯的内心稍稍得到了安抚。

当威廉姆斯被服务员引导着坐在靠近窗帘的位置后，立刻昏了过去，他的头部被人用锤子重击了一下，昏倒之前，威廉姆斯模糊地看到了窗帘后面隐藏着的三个人影。这三个人是旅店老板夫妇和他们的儿子，当威廉姆斯走进旅馆之后，他们就在窗帘后面静静地等待猎物靠近。

随后，威廉姆斯的头骨被这家人敲碎、喉咙被割开，他的尸体被放到旅馆的地窖里。这是这家人完成的又一次疯狂的屠杀，在此之前已经有许多人丧生于这家吃人的旅馆了。旅馆的老板是老约翰·本德，他在1870年带着一家人来到拉贝特郡，在这里承包了一片土地，开了一家小旅馆，专门为过往的旅客提供餐食、酒水和住宿。不久之后，试图穿越拉贝特郡的旅客开始频频消失，直到1873年，人们才在这家旅馆的地窖发现了大量被掩埋的尸骨。

　　美国东西部的交通要道大奥沙路就位于拉贝特郡，而老约翰的旅馆就开在路边上，因此许多旅客都会路经此地。在当时大奥沙路是一条十分危险的道路，许多旅客都丧命于此地，丧命的原因有很多，例如事故、与美洲原住民起冲突、疾病等。但自从1870年起，在此地丧生的人越来越多，于是关于拉贝特郡的诡异传言散播开来，许多旅客开始避开大奥沙路，绕行到西部去。

　　自从南北战争结束后，美国政府将原本居住在拉贝特郡的印第安人集体安置在一个新的印第安人聚居地，拉贝特郡变成了一座空城，留下了大片的可耕地，先后吸引了五个家族前来定居，其中就包括本德家族。

　　老约翰和儿子小约翰来到拉贝特郡后，分到了160英亩①土地，他们父子通过努力建造了一座房子和一个仓库，还请人挖了一口井，将一块无人居住的土地变成了可供人生活的地方。

　　第二年秋天，老约翰的妻子老凯特带着女儿小凯特来到拉贝特郡。不久之后，这栋房子就被改造成了一家小旅馆，后面的一小块区域是一家人生活的地方。冬天来临后，小旅馆正式开业迎客。

　　老约翰、老凯特是一对比较封闭的夫妻，基本上不会与镇上的人来往。老约翰基本不会说英语，人们都听不懂老约翰"呜呜哇哇"在说些什么，有人猜测老约翰说的是德语，他很可能是德国移民。老凯特很少主动与他人交谈，偶尔能从她嘴中听到几个单词，不过基本没有人从老凯特的嘴中听到过连贯的句子。人们都以为老凯特不怎么会说英语，但实际上老凯特说的一口流利的英语。老凯特是个不友好的人，她脾气十分暴躁，被邻居们称为"恶魔一样的女人"。

　　相反，小约翰和小凯特却很擅长进行人际交往，他们很喜欢到处交朋友，会利用周末到镇上的学校学习，还会积极参加各种舞会。在邻居们看来，小约

————————

①1英亩约为4047平方米。

翰是个很活泼，留着考究的发型和胡子的人。小约翰虽然能用英语与人们进行交流，但带着德国口音。人们给小约翰起了一个"傻瓜"的外号，因为小约翰的脸上总是挂着憨厚的笑容。小凯特是个年轻漂亮的灵魂主义治疗者，也就是俗称的灵媒。在小凯特刚来到拉贝特郡不久，她就到处宣传自己有超能力，还会利用各种机会发表演讲。尽管有人对小凯特所谓的超能力嗤之以鼻，但这让小凯特变得小有名气，为本德家的旅馆吸引了不少客人。据传言，小约翰与小凯特并非兄妹，而是夫妻关系。

威廉姆斯失踪后一个月，爱德华一直没有收到弟弟的来信，他曾听说过拉贝特郡的事情，在一直没有威廉姆斯消息的情况下，爱德华有了一种不祥的预感，他决定踏上寻人之路，到威廉姆斯可能去过的地方搜寻。于是，爱德华带着一支 50 人组成的队伍出发了。

1873 年 3 月 18 日，爱德华找到了本德家的小旅馆，他拿出威廉姆斯的画像询问本德一家是否见过画像上的人。小约翰对爱德华说，威廉姆斯曾在旅馆喝过酒，不过当天就离开了。最后小约翰还"善意"地提醒道，如果威廉姆斯失踪了，那么他很可能是在离开旅馆后遭遇了土著居民的袭击。爱德华当时毫无头绪，他觉得小约翰说得有道理，于是在旅馆里吃完晚饭就离开了。爱德华因此错失了将本德一家抓捕归案的良机。

4 月 2 日，本德家的旅馆里跑出一个不停喊"救命"的女人，这个女人满脸惊恐地对周围人说，老凯特拿着刀想杀死她。本来人们就怀疑之前失踪的旅客都被本德一家杀害了，这个遭受袭击的女人成了最有力的证据。

这件事情很快传到了爱德华的耳中。4 月 3 日，爱德华带着一伙人气势汹汹地来到了本德家的旅馆，要本德一家给一个合理的说法。这时老凯特说话了，老凯特不顾人们惊讶的表情，用一口流利的英语向爱德华解释说，她会拿刀吓唬那个女人，是因为那个女人是个巫婆，还曾试图往老凯特的咖啡里下毒，并勾引老约翰。由于爱德华手中没有证据能证明威廉姆斯的死与本德家有关，只能暂时作罢。

爱德华认为自己的弟弟威廉姆斯一定是被本德一家害死了，为了寻找证据他决定组织一次会议，邀请拉贝特郡的居民参加，专门讨论拉贝特郡近几年旅客频繁失踪的怪异现象。在爱德华的号召下，一共有 75 人参加了这次会议，包括本德父子在内。最终会议决定组建一支搜查队，拉贝特郡的每一户人家都要接受一次彻底的搜查。

3 天后，搜查队接到一个名叫比利·托尔的人的报告。比利在路过本德家的旅馆时发现房门紧锁着，菜园里的菜也好长时间没浇水了。于是比利就敲了敲旅馆的门，结果根本没人回应。比利觉得有些怪异，就将这个发现报告给了搜查队。搜查队一听，觉得事情有蹊跷，就前去查看。由于意外情况的发生，搜查被推迟了几天。

当爱德华和搜查队来到本德家的旅馆时，房门还是紧锁着，不论搜查队如何敲门都无人回应，于是搜查队只好硬闯进去。旅馆内已经空无一人，除了家具外，箱子里的食物、柜台上的酒水都不见了，桌子上也积下了一层薄薄的灰尘，显然本德一家前不久已经离开了。

旅馆里有一股怪异、难闻的味道，搜查队顺着味道来到了旅馆的地窖，难闻的味道就是从地窖里散发出来的。地窖的门紧锁着，上面还压着一块大石头。当搜查队将地窖的门撬开之后，那股难闻的气味立刻涌了出来，一时间让人觉得呼吸都困难。

搜查队怀疑这股难闻的气味很可能是人的尸体散发出来的，他们怀疑那些失踪的旅客在被本德一家杀害后就埋在了地窖里，于是搜查队决定在地窖里寻找尸体。搜查队撬开了地板，但并未发现尸体。不过地窖里遍布的血迹让搜查队决定继续搜寻。地窖也正是威廉姆斯遇害的现场。

屋后菜园里被翻动过的泥土引起了爱德华的注意，他听周围的居民说过，本德家菜园里的土总是新鲜的，好像刚被翻动过。于是，爱德华下令对菜园进行挖掘。

在搜查队的努力下，能证明本德一家人杀人的证据终于被找到了，晚上8点左右搜查队在菜园里挖出了一具尸体。这具尸体正是爱德华一直在苦苦寻找的弟弟威廉姆斯。在之后的挖掘工作中，搜查队又发现了9具尸体。由于当时已经很晚了，搜查队只能暂时结束工作，等第二天天亮继续挖掘。

第二天搜查队又挖出了9具尸体，其中包括一名小女孩的尸体。这些被害人的尸体头部都遭受过重击，喉咙也有被割开的痕迹。不过小女孩的尸体例外，她的尸体上没有明显的伤痕，她可能是被掐死或被活埋的。

除了整具尸体外，搜查队还挖出了数量惊人的人体碎块。据粗略估计，本德一家人杀死了大约40人。

此外，另外三起命案也与本德一家脱不了干系。这三名被害人的尸体头部都被钝物重击，喉咙被割开。

1871年5月，拉贝特郡的一条小河里出现了一具尸体。经调查，被害人是个旅客，名叫琼斯，在一个月前失踪。警方在调查案件的时候，将第一个发现尸体的人当成嫌疑犯抓了起来，不过由于没有证据，嫌疑人很快就被释放。

1872年2月，拉贝特郡内又出现了两起命案，两具男性尸体与琼斯一样都被人重击头部、割开喉咙而亡。

这三起命案由于报纸的报道在当时引起了不小的轰动，许多旅客纷纷选择绕道而行。在命案发生前，拉贝特郡的治安就很糟糕，经常出现马贼和强盗，再加上经常死人和失踪事件，让拉贝特郡在旅客心目中变成了一个恐怖的死亡之地。这让财政状况本来就很糟糕的拉贝特郡更加举步维艰。搜查队在本德家旅馆里发掘出的大量尸体证明，制造这些谋杀案的凶手正是本德一家人。

一名旅客，尤其是看起来腰包鼓鼓的旅客走进本德家的旅馆，无异于走进了一个死亡陷阱。旅客会在小凯特的热情款待下放下戒心，即使旅店内的情况再诡异，也没有一个人会对一个年轻漂亮的女子起疑心，但小凯特恰恰是一个诱饵。小凯特会将旅客引到一个特别的位置上，位置的后面是一块帆布帘子。当旅客坐下后，小凯特就会坐在旅客的对面，从而分散旅客的注意力，给躲在帆布帘子后面的老约翰、小约翰制造杀害旅客的机会。

为了一招致命，本德一家会采取一些小策略。如果旅客的体型比较瘦弱，那么老约翰或小约翰会直接从帆布帘子后面用锤子狠狠地击打旅客的头部；如果旅客的体型看起来很强壮，不好对付，那么小凯特会先陪着旅客喝上两杯，当旅客被灌醉后，老约翰或小约翰再出场。

旅客头部受到重击后，即使不立刻死亡，也会昏迷，这个时候他就会被拖到本德家的地窖里。在那里老凯特会扒光他的衣服，将他的随身物品全部拿走，然后用刀割开他的喉咙，让他慢慢死去。等旅客差不多死透了，本德父子就会将尸体拖走进行处理。他们有时会将尸体埋在自家的果园里，有时会丢弃在一个偏僻的角落里，让饥饿的野狗帮忙处理尸体。

拉贝特郡的居民们得知本德一家犯下了如此残忍的罪行后十分愤怒，但他们根本无从发泄怒火，本德一家早就搬走了，于是他们只能将怒火发泄在一个名叫布罗克曼的人身上，这个人是本德一家的朋友。布罗克曼被人们吊起来质问，人们要他说出本德一家人的踪迹。但布罗克曼根本什么都不知道，不过愤怒的人们根本不打算放过他，在长时间的拷问中，布罗克曼再也忍受不住，昏了过去。当布罗克曼第三次昏迷的时候，愤怒的人们才渐渐恢复了理智，放过了布罗克曼。

这是美国历史上第一起家族连环杀人案，在当时引起了很大的轰动，许多记者纷纷聚集到拉贝特郡，只为能得到有关本德家的独家消息。

爱德华此时正在全力追捕这 4 个杀死自己弟弟的凶手，威廉姆斯的另一位兄弟亚历山大·约克（堪萨斯州议员）发布了通缉令，通缉本德家的 4 个人，他还给出了 1000 美金的悬赏，这在当时可是个不小的数目。同时，拉贝特郡的长官托马斯也给出了 2000 美金的悬赏，只为能抓到本德一家。

警方也在努力寻找本德一家，并顺着地上的轮胎印找到了本德一家逃亡时乘坐的马车。可惜的是，警方只找到了马车，本德一家早就逃走了。不久警方接到消息，塞耶火车站的工作人员声称本德一家曾在车站购买过去往沙怒特的车票。

警方立刻与沙怒特火车站的工作人员取得了联系，对方告诉警方小约翰和小凯特曾出现过，他们在火车站购买了去往丹尼森的火车票。不过工作人员并未见过老约翰和老凯特。

接下来警方并未继续抓捕工作，因为警方推断小约翰和小凯特应该去了那片危险的无人区，无人区位于得克萨斯州边境和新墨西哥州边境，十分危险。警察很少会去那里抓人，很多警察曾丧命于那片无人区，如果警方派人去无人区抓人，那就意味着不只抓不到犯人，可能派去的警察人身安全都无法保障。

从那以后，本德一家就失踪了，他们好像从人间蒸发了一样。但有关血腥本德的传言却一直没有中断过。有人说曾看到过本德一家，小约翰中风死了，小凯特难产死了，而老约翰和老凯特则逃到密苏里州过起了隐姓埋名的生活；有的人说本德一家人集体自杀了；有的人说本德一家人在被警方抓捕后秘密以火刑处死了。有关本德一家人的下场有各种各样的说法，但都没有相关的证据。

本德一家的故事给许多作家提供了创作灵感。很多作家在写小说的时候，都会借鉴本德一家的故事。

【犯罪行为的习得】

美国行为主义心理学家约翰·华生有一句十分著名的话："给我一打健康的儿童，如果在由我所控制的环境中培养他们，不论他们前辈的才能、爱好、倾向、能力、职业和种族情况如何，我保证能将其中任何一个人训练成我所选定的任何一种专家——医生、律师、艺术家、富商，甚至乞丐和盗贼。"这句话在今天看来似乎有些偏激，好像环境能决定人的一切。但这句话却充分表明了人的可塑性。

在华生等行为主义流派的心理学家看来，人格是由环境决定的，想要改变一个人就必须从改变他周围的环境入手。一个人为什么会犯下十分残忍的罪行，与他身处的环境同样是密不可分的。就像本德家族中的小约翰和小凯特一样，他们从小生活在古怪父母的阴影下，于是成了帮凶，协同父母一起杀害了许多无辜的旅客。

按照行为主义所提出的观点，人的一切行为都是后天习得的，犯罪行为也是如此，同样是后天习得的，也就是说人刚出生时如同白纸一般，后天环境的影响会使这张白纸变得色彩斑斓。人天生具有很强的学习能力，这种能力使人具有很强的可塑性，也让人通过后天的学习习得各种行为，因此环境就变得异常重要。

　　与他人之间建立联系是一种十分重要的能力，我们天生具有"察言观色"的能力，通过观察周围人的言行来进行学习，这个过程被称为社会学习。周围人的影响对于个体来说就是社会环境，社会环境对一个人人格的塑造常常会起到强化的作用。在本德家族中，小约翰和小凯特在父母的影响下接触到血腥杀人的犯罪行为，他们最初为了得到父母的肯定会去模仿。但让这种犯罪行为持续下去，需要强化的作用。如果他们的犯罪行为得到了一个不错的结果，例如父母的肯定、旅客的财物等，那么这种犯罪行为就会强化。

　　我们每个人都是积极的问题解决者，即会对周围的环境做出反应。在许多人看来，本德一家所犯下的罪行是丧失理性的。但在本德一家人看来，这只是他们适应环境的一种方式，他们认为自己所犯下的罪行是合理的。因此本德一家会精心策划一起起凶杀案。

　　当然环境决定论并非完全正确，因为该理论忽视了一个十分重要的因素，即人在敏感性上存在着个体差异。面对同样的环境，不同的人所感知到的信息是不同的，即在环境面前人并非完全被动，而是具有一定的主动性。

Criminal Psychology

老实人的人皮大衣——

"老好人艾德"

1957年11月17日，威斯康星州的警方来到了普兰菲尔德小镇的一处农场，农场的主人名叫爱德华·西奥多·盖因，是当地居民心中的老实人。人们称他为"老好人艾德"（盖因的小名叫艾德），孩子们很喜欢找盖因玩。

五金工具店女店主伯妮斯·沃顿失踪了，她的儿子弗兰克在参加当地猎鹿活动回来的时候，发现五金店店门紧闭，就觉得非常意外。当弗兰克进入店内后，发现地上有一摊血，他意识到母亲可能出事了。果然，弗兰克没有找到母亲。

警方在接到弗兰克的报警电话后，立刻赶到了五金店。警方发现案发现场并不混乱，也没有搏斗的迹象，只是发现收银机里的钱不见了，于是准备将此案定性为抢劫案。但弗兰克却说，他的母亲很可能已经被杀害了，他怀疑盖因是凶手。在不久之前，盖因曾出现在五金店内，当时弗兰克也在场。盖因除了询问过防冻剂的价格外，还再三询问弗兰克是否会去参加猎鹿活动。弗兰克认为盖因就是想趁着自己不在家的时候对母亲下手。

警方发现盖因的农庄房门紧闭，只有阁楼下通往地下储藏室的门敞开着。整个农庄十分脏乱，到处堆满了垃圾和废旧物品，简直没有下脚的地方，而且还有腐烂的气味和各种恶臭。

警察亚瑟·施莱打着手电筒进入储藏室进行搜查。借着手电筒的光柱，施莱发现房梁上似乎悬挂着一具尸体，肚子已被剖开，施莱以为这是一头鹿，当地的猎鹿活动刚结束。盯着看了数秒之后，施莱毛骨悚然地发现那是一具女尸。

这是一具无头女尸，显然被人专门处理过，从阴部切开，一直到胸部，内脏都被掏干净了，看起来就像一件人皮大衣。后经证实，这具女尸正是失踪的伯妮斯。

随后警察们对盖因的住所展开了地毯式的搜查。警方在盖因的卧室看到了令人难以承受的可怖景象，好像人间地狱一般。盖因的床柱上镶嵌着人的头骨，或许对于盖因来说这是赏心悦目的装饰品。炉子上的平底锅里有一颗新鲜的心脏，应该是被害人伯妮斯的。在一个麻布袋里有一颗头颅，正是伯妮斯的，头颅的耳窝处已经被穿上了钩子。除了伯妮斯的尸体外，警方还发现了许多特制的物品和家具，只是都是由人骨和人皮制成的。

警察发现了一个怪异的汤碗，这个汤碗是用一个头盖骨的上半部分制作而成的。盖因卧室里的灯罩、纸篓、座椅扶手等家具和装饰物都是由人皮制成的。警察还在盖因的衣柜里发现了一整块人皮，上面悬挂着一副女性的乳腺。根据盖因的交代，这是一件特制的人皮大衣，他一直想变成一个女人，但又无钱做变性手术，只能趁着夜色穿上人皮大衣，想象着自己成了一个女人。

在盖因的厨房里，警方发现了一张人皮面具，一名警察脱口而出："天哪，这是玛丽·赫甘！"玛丽是一位失踪的中年妇女。

　　就在警察还没有从震惊中回过神儿来时，盖因回家了。尽管盖因一直否认五金店的命案与自己有关，他还是被警察直接铐走了。在审讯开始后不久，警察就发现盖因的精神状态有些不正常。盖因承认自己杀死了玛丽和伯妮斯，却无法说明家中的许多尸体零件到底来源于哪里。他对自己所做的这些事情都记不清楚了，因为他在做这些事情的时候，处于恍惚的精神状态中。

　　盖因告诉警方，他与玛丽是在普兰菲尔德酒吧认识的，玛丽是酒吧的老板娘。当盖因看到玛丽后一下子就被吸引住了，因为玛丽与盖因过世的母亲奥古斯塔长得十分相像。但盖因发现，玛丽与母亲的性格却是截然不同，玛丽与他恪守宗教教规的母亲不同，总是口吐脏话，而且个人经历非常不堪。

　　当盖因发现这位神似母亲的酒吧老板娘与母亲的性格迥异时，他十分困惑，突然想杀死玛丽。1954年12月8日，盖因拿着一把手枪来到了酒吧门口，他准备将玛丽打死。盖因将玛丽吊了起来，然后喝了点酒，开始闭着眼睛朝玛丽射击，他射中了玛丽的前额和躯干。

　　确认玛丽死亡后，盖因将玛丽的尸体拖到车上，带回了农庄。第二天，盖因像往常一样到埃尔默·维克家去做帮工。在干活的时候，盖因对埃尔默说他杀死了一个人并将尸体吊在家中。在埃尔默看来，盖因就是一个温顺的老实人，他不相信盖因说的话，只觉得盖因在吹牛。

　　当地人和埃尔默一样，都觉得盖因是个让人放心的老实人，尽管行为有些怪异。许多家长甚至将孩子交给盖因看管，盖因深受镇上孩子们的喜爱。当盖因被捕后，镇上的孩子还曾被警察调查过，警察怀疑盖因会做出对孩子不利的事情来，但孩子们表示并未被盖因威胁过，盖因也没有对他们做出过奇怪的事情。有的家长说，他曾听孩子说过，盖因的家中有一些奇怪的面具和头颅。在当时，家长只觉得这是小孩子的胡言乱语，并未引起重视，谁知居然是真的。

盖因出生于一个"母权"家庭，他的母亲十分霸道。盖因的父亲乔治是个酒鬼，因为酗酒一直没有一份稳定的工作，他曾经做过木匠、管道工和农场工人，但是没有一份工作能做长久。盖因的母亲奥古斯塔是个十分好强的女人，她独自经营着一家杂货店，是家里的经济支柱。

在家里，凡事都是由母亲说了算，奥古斯塔在家里的地位是至高无上的，没有人能挑战她的权威。奥古斯塔告诉两个儿子，他们的父亲是个无用的人。在母亲的影响下，盖因潜意识里就看不起父亲，甚至觉得自己会像父亲一样成为一个失败者，他对自己身为男性一直存在抵触心理。同时盖因也很害怕父亲，因为乔治会打他。有一次，盖因在外面受到了其他孩子的欺负，跑回家向父亲哭诉。父亲不仅没有安慰他，反而痛扁了盖因一顿。从那以后，盖因再也不信任父亲，并且把对父亲的这份依赖统统转嫁到母亲的身上，对母亲更加依赖。

1914年，奥古斯塔带着全家搬到了普兰菲尔德小镇的一座农场，这是一座人烟稀少的农场，距离他们最近的邻居也在数千米之外。奥古斯塔对这个地方十分满意，她认为此地有利于保持孩子道德的纯洁性。每当有孩子来找盖因玩耍时，奥古斯塔都会出面阻止，她觉得其他孩子会带坏自己的儿子。

奥古斯塔是个异端宗教信徒，对道德有着十分苛刻的要求，她让孩子们相信"女人就是魔鬼"，并要求他们在婚前禁止性行为。后来奥古斯特甚至要求自己的孩子发誓，要终身保持处男的身份。在盖因的心中，母亲仿佛神明，他自然一直牢记着母亲的教诲，一直保持着处男之身，直到78岁时死于蒙多塔精神健康研究所。

亨利是盖因的哥哥，他比盖因年长两岁。亨利与盖因有着相同的成长经历，但并未成为奥古斯塔的附属品，他有自己的主见和独立思考的能力。在亨利看来，盖因对母亲的过度依赖是病态的。后来亨利越来越无法忍受母亲的霸道，最后他终于爆发了，与母亲大吵了一架。

这场争吵势必出现，亨利是个独立的个体，他不可能永远受控于母亲。但盖因却因此陷入了困惑之中，在盖因的心中，母亲是不可侵犯的存在，而亨利则是疼爱他的哥哥。现如今，这两个在盖因生命中扮演着十分重要角色的人发生了争执，盖因不知道该怎么办了。

后来，亨利因一场意外死亡了。当时盖因一家人所居住的农场附近的沼泽发生了一场大火，亨利和盖因都去救火。后来大火被扑灭了，亨利却失踪了，于是盖因报了警。警察赶到现场后看到了亨利的尸体。当时警方怀疑亨利并非死于意外，盖因应该负有责任。但一番调查之后，盖因的嫌疑被排除了，他被无罪释放。在镇上的人们看来，亨利的死与盖因脱不了关系，毕竟亨利触犯了奥古斯塔的权威。

1940 年，盖因的父亲死于肺炎。奥古斯塔告诉盖因，乔治死于他的软弱，死后一定会下地狱。对于这番荒唐的说辞，盖因居然相信了。

随着年龄的增长，盖因开始打工补贴家用。盖因最喜欢给他人带小孩的工作，他觉得小孩子比成年人更容易沟通。

1945 年，盖因的人生中发生了一件大事，他的母亲去世了，盖因彻底陷入了痛苦和孤独之中。不久之后，盖因就将奥古斯塔的卧室和起居室用木板封存起来，保持着母亲生前的样子。警方在搜查盖因的农庄时就发现了这个被木板钉起来的房间。警察本以为这里应该有更多的罪证，打开后却发现了一间一尘不染的屋子，与盖因脏乱的屋子形成了鲜明的对比。

母亲在世时，盖因的生活方式和习惯完全按照母亲的标准。当奥古斯塔去世后，盖因终于可以过上自己想要的生活了，他感觉到了一种前所未有的轻松感。但没过多久，盖因就变得无所适从了，他不知道自己该怎样生活，尤其不知道该怎么与人交往。母亲在世时，她总是禁止盖因与外人接触，每当奥古斯塔发现盖因或亨利有新的朋友时，就会对他们进行严厉的惩罚，她认为这样有利于保持盖因道德的纯洁。

在母亲的霸道控制下，盖因更加不擅长与人交往，他只能从读书中获得乐趣。盖因看的书只有两类，即人体解剖和德国纳粹的人体实验。在奥古斯塔去世后，盖因迷上了另一类书籍，即盗墓方面的。

盖因住所的尸体零件，除了来自他杀害的中年妇女外，还有许多他盗取的尸体。盖因盗走的第一具尸体就是母亲的，盖因将母亲的尸体从墓穴中挖出来后，就放在了家中。之后，盖因发现自己对尸体欲罢不能，他经常去盗墓。盖因所盗窃的尸体有两个特点，即死者是中年妇女和新鲜的尸体。盖因承认，自己曾在墓地旁对着尸体手淫过，但因尸体很臭，他拒绝与尸体发生性关系。

盖因喜欢新鲜的尸体，为了寻找新鲜的尸体，他常常看报纸，注意报纸上刊登的讣告，这样他就可以知道哪里有新鲜的尸体。有一次，盖因去盗墓的时候还专门带上了邻居，不过这个邻居是个智障，无法理解盖因的行为。盖因的盗尸行为一直隐藏得很好，直到他因杀人被捕后，他盗尸的种种行迹才被暴露出来。

盖因所杀害的被害人虽然只有两个，但他所犯下的毁尸、食人和恋尸癖等罪行却引起了记者们的兴趣，毕竟正常人不会像盖因一样对尸体这么迷恋。盖因的案件经过报道后，立刻在美国引起了巨大的轰动，盖因所居住的小镇也一下子成了旅游胜地。除了专家，许多人都对盖因十分感兴趣，不少人会专门来参观盖因的住所。但当地人却觉得这是一个魔窟，于是放火烧掉了盖因的农庄。

最终盖因被判进入精神病院接受治疗，最后因癌症过世。死前，盖因表示如果获得自由，一定会去环游世界。根据盖因的遗嘱，他被安葬在奥古斯塔墓地的后面，和母亲长眠在一起。在精神病院里，盖因是个模范病人，他十分擅长做手工劳动，每次都能超额完成自己的任务。盖因对无线电报十分有兴趣，当医生发现这一点后，就为盖因申请了一项权利，让盖因用自己的劳动所得购买了一台无线电报机。

后来盖因成了许多影视剧的原型人物，例如希区柯克的《惊魂记》、托马斯·哈里斯的《沉默的羔羊》等电影中的恐怖杀手的形象都取材于盖因。但不同的是，这些电影中的连环杀手一般都是为人凶狠的形象，攻击性很强。而盖因在现实生活中却是一个温和的老实人。

盖因一直对中年女性的尸体十分着迷，尤其是与母亲相似的中年女性。在杀死玛丽和伯妮斯前，盖因一直在盗尸，他会将盗来的尸体进行处理，然后制成人皮大衣和人皮面具。但是后来盖因开始对活人下手，于是玛丽和伯妮斯被他杀害了。对于盖因的这种改变，有两种解释：

第一种解释认为，尸体已经无法使盖因获得心理满足，所以他才会选择活人下手。第二种解释认为，盖因从未想过杀人，他想要的一直是新鲜的尸体，只是后来随着天气变冷，盗尸变得困难起来，所以盖因只好杀人。

盖因在审讯过程中告诉警方，他喜欢趁着月圆之夜穿上人皮大衣，戴上人皮面具，好像自己变成了一名女性，然后放纵地敲着人皮鼓。盖因的案件之所以立刻在全国引起了轰动，是因为许多人都对盖因的怪异行为感到匪夷所思，他为什么如此迷恋中年妇女的尸体，还要穿上一件人皮大衣并戴上人皮面具？

犯罪心理学家认为，如果连环杀手有一个十分霸道的母亲，对孩子的控制十分严格，那么孩子就无法实现性别认同（对自己性别的正确认识）。在一个人正常的成长过程中，3岁左右就可以意识到自己的性别，并知道自己的性别是稳定的。在正确的性别认同基础上，儿童会喜欢和同性儿童一起玩耍，并自然而然地遵从内在的性别角色要求来控制自己的言行，使自己的言行与性别要求保持一致。盖因的性别虽然是男性，但在奥古斯塔的霸道教育下，盖因开始鄙视男性，并对自己的男性角色感到厌恶和愤怒，在他心目中女性是神圣的、圣洁的，他一直渴望自己成为一名女性。但是变性手术对盖因来说不仅价格昂贵，风险也比较高，于是盖因只能用"真材实料"来把自己伪装成一位女性，他发挥自己的想象力制成了人皮大衣，每当他穿上人皮大衣的时候，就会觉得自己变成了一个女人，从而获得心理上的满足。

在被捕的时候，盖因已经年过半百，但却表现得像个孩子，这点让警方印象深刻。每当警方向盖因提到奥古斯塔的时候，盖因都会表现得很伤心，甚至会忍不住哭泣起来，由此可见盖因是个心智极度不成熟的人，他对母亲的依赖已经超出了正常范围。玛丽和伯妮斯与奥古斯塔长得十分相像，这也是盖因杀死她们的原因之一。但在盖因心中，这两个女人根本无法与母亲相提并论，母亲在他心目中没有人能取代。因此有人认为每当盖因穿上人皮大衣的时候，就会觉得母亲好像回到了自己的身边，他用这种独特的方式来怀念母亲。为了满足对母亲的依赖心理，盖因用常人难以接受的方式为自己复制了一个母亲。

【用尸体复制一个母亲】

造成盖因种种恐怖和怪异行迹的原因一直以来都是专家研究的重点。有的专家认为，盖因并非在无法控制的杀人欲望的驱使下杀人，这或许正是盖因相对于连环杀手来说杀人数量少的原因所在。不少连环杀手会通过杀人而获得力量感和控制感，但盖因并非如此，他只是在寻找不同的尸体零件，然后用这些零件拼凑一个母亲出来。他会把自己套进去，从而成为奥古斯塔。

母亲奥古斯塔在盖因的心目中是至高无上的，是神圣的。因此，盖因一心想成为女人，成为奥古斯塔。盖因会成为一个怪物般的人，奥古斯塔负有不可推卸的责任。如果盖因成长于一个正常的家庭，享受正常的母爱长大，那么盖因的人生就会拥有另外一种可能。据说，奥古斯塔在生下亨利这个儿子后，一直想要个女儿，但盖因却是个男孩。总之，奥古斯塔是盖因生命中的唯一，是他的依赖，也是他的信仰。

有的专家则认为，盖因潜意识里是憎恨母亲的。盖因杀死的两名中年妇女都与奥古斯塔相貌相似，他在通过杀人表达对母亲的憎恨。之后两名被害人的尸体都被盖因肢解了，这种肢解尸体的行为也充满了憎恨的情绪。

被捕后，盖因被诊断出患有慢性精神障碍。在著名犯罪心理学家约翰·道格拉斯看来，盖因所犯下的两起谋杀案都未进行任何的善后处理，例如擦干净地板上的血迹，案发现场的种种迹象都会使人联想到被害人已经当场死亡。但是案发现场都未发现尸体，盖因将尸体带走了。凶手移走尸体时通常会善后，这样便可以给警方的侦查工作带来困难。如果凶手移走尸体的目的并非干扰警方的侦查工作，那么他极有可能是一个精神病患者。

虽然奥古斯塔的霸道教育方式让盖因变成了一个怪物，但责任也不全在奥古斯塔身上。其实许多孩子和盖因一样，也是在母亲的严格控制下长大的。在这样环境下长大的孩子，往往很难形成独立的性格，随着年龄的增长，会被挫折、孤独、自卑和屈辱的感受所笼罩，却很难做出改变，因为改变的过程十分痛苦，相当于自己的世界要崩塌了。在霸道母爱下成长的孩子虽然难以获得真正的独立，但并不会成为盖因这样的怪物。盖因的哥哥亨利与盖因一样从小被母亲控制，但他可以及早地意识到盖因对母亲的依赖是错误的，并且极力反抗母亲的霸道。盖因这个怪物的诞生除了母亲这个外在因素外，还有他自身的内在因素在起作用。

Criminal Psychology

蜜罐里长大的富二代杀手——

肯尼斯·麦克达夫

　　1966 年 8 月的一天，得克萨斯州的警局来了一个主动投案自首的男人，他名叫罗伊·戴尔·格林，曾因小偷小摸进过监狱。在监狱里，罗伊认识了一个名叫肯尼斯·麦克达夫的男人。那个时候，麦克达夫给罗伊说了一段自己强奸一个女人的经历。被害人是一个上夜班的女人，麦克达夫性侵过她之后割开了她的喉咙，然后将她扔到一条水沟里就离开了。幸运的是，这个女人并没有死，她活了下来。不过，当时麦克达夫并不知道。

　　在麦克达夫看来，这是一段值得炫耀的经历，当他因偷窃罪被关进监狱后，就开始添油加醋地向罗伊炫耀。罗伊听后觉得麦克达夫是个非常强悍的男人，将他当成大哥崇拜。麦克达夫十分享受这种被崇拜的感觉，就收下了罗伊当他的小弟。

　　恢复自由后，麦克达夫决定带着罗伊去"见见世面"，顺便再考验一下罗伊。一天夜里，麦克达夫开车带着罗伊来到森林公园。当时有 3 个年轻人正在野营，16 岁的埃德娜·沙利文和男友罗伯特·布兰德，还有罗伯特的表弟马库斯·多纳姆正准备度过一个愉快的夜晚，他们万万没想到灭顶之灾正在靠近他们。

　　麦克达夫用枪威胁着 3 个人，将他们绑住，装进车里，并将车开到了一个偏僻的地方。下车后，麦克达夫就开枪将罗伯特和马库斯杀死了。罗伊看到麦克达夫杀人时吓坏了，开始不停地呕吐。但麦克达夫好像没事人一样，开始对埃德娜施暴。性侵完毕后，麦克达夫命令罗伊也去强奸埃德娜。

　　罗伊还没从射杀他人的恐怖场面中缓过来，根本不想对埃德娜施暴，他今晚受到的刺激太大了，只想着赶紧离开。麦克达夫看到罗伊这副懦弱的样子后十分生气，狠狠地揍了罗伊一顿，然后勒死了埃德娜，并将尸体随意丢弃在那里，就开车离开了。罗伊显然没有麦克达夫那样冷血，他选择了自首，并将整个过程全部如实告诉了警察。

由于罗伊主动自首，认错态度不错，他被判处了 25 年刑期。麦克达夫是这起案件的主犯，而且作案手段残忍，被判处了死刑。不过麦克达夫选择了上诉，并在 1972 年被改判为终身监禁。

在监狱里待了 17 年后，麦克达夫被释放了，这倒不是因为他在监狱里是个模范犯人，而是出于一个听起来有些荒唐、可笑的理由，因为监狱人满为患，地方不够用了，所以监狱决定释放一批犯人。当初逮捕麦克达夫的警察得知他被释放的消息后，只说了一句："完了，女孩们要遭殃了！"警察的担心是对的。麦克达夫在出狱 3 天后就强奸并杀害了一名女性。

在麦克达夫出狱的第 3 天夜里，一名 31 岁的女性索拉菲亚·帕克被麦克达夫强奸后用衣服勒死，然后麦克达夫将索拉菲亚的尸体扔到了附近的田地里。4 天后，一个农场主发现了索拉菲亚的尸体并报警。此时，麦克达夫也被警方逮捕了，逮捕的罪名是他在酒吧砍伤了一个黑人，显然警方并未将索拉菲亚的死与麦克达夫联系起来。这次麦克达夫又被送进了监狱，不过他的罪名并不严重，只需要待上一年半载，就能重获自由了。

1990 年 12 月，麦克达夫走出了监狱，他开始在得克萨斯州到处寻找猎物。这是一段得克萨斯州杀戮之旅，得克萨斯州的大小城市开始有女性遭殃。

1991 年 1 月 3 日，23 岁的辛西娅·冈萨雷斯的尸体被人发现，当时她全身赤裸。两天后，布兰达·汤普森的尸体被发现并登报。5 天后，罗吉尼亚·摩尔的父母接到警察的电话，他们失踪的女儿确定被人杀害了，尸体停放在太平间。

　　几天后，28 岁的科琳·里德失踪了，麦克达夫将她绑走了。3 天后，失踪的科琳被人找到了，此时科琳已经被麦克达夫杀害了。

　　1992 年 3 月 1 日，麦克达夫从一家商店绑走了一个怀着身孕的女人，她叫梅丽莎·诺思拉普，怀着一对双胞胎。麦克达夫在车里强奸并杀害了梅丽莎，然后将梅丽莎的尸体扔到了一处废弃的矿井中。一个月后，梅丽莎的尸体才被人发现。

　　3 月 4 日，麦克达夫因涉嫌杀害辛西娅和科琳而被警方逮捕。麦克达夫所犯下的命案在得克萨斯州引起了不小的轰动，人们都期望法庭能判处麦克达夫死刑。麦克达夫最终被判处了 3 个终身监禁和两个死刑。

　　在被关押期间，麦克达夫的父母一直在想办法帮助儿子减刑，但由于许多人都在关注着麦克达夫的案子，所以没有法官愿意为他减刑，那样做会承受巨大的舆论压力。除了父母之外，还有一个女人带着孩子来看望被关押的

麦克达夫。

这个女人是麦克达夫在 17 岁时第一次犯下的强奸案的被害人，当时麦克达夫割断了她的喉咙，但她不仅没死，还怀上了麦克达夫的孩子并将孩子生了下来。当该女子从报纸上看到麦克达夫被捕的消息后，就决定带着孩子去看看他的亲生父亲，她希望孩子能引以为戒，将来不要像麦克达夫一样。

1998 年 11 月 17 日，麦克达夫的死刑执行日来临了，他躺到了注射台上开始接受注射，他死前留下了一句话："我已经准备好被解放了。"

虽然麦克达夫的杀人数量不是得克萨斯州历史上最多的那个，但因为作案频繁、手法残忍，他被认为是得克萨斯州历史上最残忍、最无情的罪犯。许多连环杀手都成长于一个糟糕的家庭环境中，那么麦克达夫是不是也是如此呢？

显然，麦克达夫是个例外，他是个富二代，作为家里唯一的男孩，从小在母亲和 3 个姐姐的关爱下长大。凡是麦克达夫想要的东西，他就一定会得到。麦克达夫的父亲是个建筑商，十分富有，在教育孩子上也非常舍得花钱，不仅会给麦克达夫巨额的零花钱，还会带着他环游世界。但就是在这样优渥的成长环境中，麦克达夫不仅没有成长为一个彬彬有礼的绅士，反而成了一个恶霸。

随着年龄的增长，麦克达夫的破坏力越来越强，在学校里他是个典型的坏学生，不仅欺负同学，还会威胁老师。凡是学校发生打架斗殴事件，基本上都与麦克达夫有关。要不是麦克达夫的父亲曾给学校捐赠了一大笔钱，校长早就将麦克达夫开除了。

在高中读了 3 个月后，麦克达夫再也忍受不了学校的生活，开始到社会上混日子，他觉得这才是自己想要的生活。不过，从此以后社会上多了一个危险分子。渐渐地，麦克达夫开始引起了警察的注意。

麦克达夫总是偷东西，而且态度十分嚣张。起初，警察只是睁一只眼闭一只眼，后来麦克达夫偷的东西太多了，警察只能将他抓起来。由于被捕时麦克达夫还未满 18 周岁，所以他只被判了 9 个月的刑期。从监狱里出来后，麦克达夫就开始寻找猎物，并开始了杀人与被捕入狱的循环，直到他被处死。

【天生犯罪人】

在分析一个人为什么会成为连环杀手的时候，许多专家都倾向于与连环杀手所成长的环境联系起来。大多数连环杀手都成长于一个糟糕、贫困的家庭中，母亲通常是单身，父亲早早地就离开了。就算有的连环杀手有父亲，那他的父亲也是暴力分子，说不定还有酗酒的恶习，连环杀手童年常常会遭受父亲或母亲的虐待，有时候甚至还会遭受性侵。但并不是所有的连环杀手都有一个凄惨的童年，例如麦克达夫这个富二代就是最好的例子。

成长环境与犯罪行为之间的确存在一定的联系，如果一个人从小就生活在一个充斥着贫穷、混乱甚至是犯罪的环境中，那么他想要滑入犯罪的深渊是十分容易的。相反，如果一个人在一个优渥的环境中长大，那么他就不会轻易接触到这些风险因素，也就不会轻易地去犯罪。

但是，糟糕的成长环境并不一定意味着一个人一定会走上违法犯罪的道路，许多成功人士都是从贫民窟中走出来的；而优渥的成长环境也并不一定意味着这个人会成为一个守法公民，就像麦克达夫。

那么，麦克达夫的父母是否因为过度溺爱才导致儿子成为一个无法无天的罪犯的呢？显然不是，有许多孩子也是在父母的过度溺爱下长大的，他们或许会以自我为中心，或是独立性很弱，但他们并没有犯罪。

像麦克达夫这种极个别的案例证明，有些人似乎天生就是犯罪人，他们从小就是个喜欢挑衅的家伙，并且有着十分旺盛的破坏力。尽管他们成长于一个健康的家庭，也会去犯罪，因为犯罪让他们觉得刺激。麦克达夫最初只是偷窃，他偷窃的目的就是寻求刺激，他从来不缺钱。但偷窃越来越无法满足麦克达夫对刺激的追求，他开始强奸和杀人，只有这种严重的犯罪才会让他觉得刺激。

麦克达夫的被害人基本上都是女人，被害人在被麦克达夫杀死前都会遭到强奸。在许多人看来，强奸犯应该是性欲十分强烈的人，他们控制不住自己的性欲，所以才会做出强奸这种犯罪行为。但对于一些强奸杀人犯来说，强奸只是一种手段，他的终极目的不是满足自己的性欲，只是为了通过强奸来获得一种征服的快感和刺激。麦克达夫显然属于此类，以他的条件，他不可能缺女人，但他却选择了强奸的方式来满足自己的性欲，显然他是在用武力迫使一个女人与自己发生性关系，并在这个过程中获得一种掌控感，这对他来说是十分刺激的。

毋庸置疑，麦克达夫是一个品行不良，甚至是个具有品行障碍的人。他在射杀罗伯特和马库斯的时候，显得十分冷血，甚至还有心情去强奸一个女人。麦克达夫的所作所为与反应显然不同于常人，罗伊的反应才是一个正常人该有的。

Criminal Psychology

引爆炸弹杀狱友的杀手——

唐纳德·亨利·加斯金

1975 年 11 月 14 日，一个名叫唐纳德·亨利·加斯金的男人被警方逮捕，有目击者报警说，看到加斯金杀人了。这不是加斯金第一次被捕，他在 15 岁时因抢劫被关进了少管所，在少管所里待了两年。加斯金在 21 岁时，因强奸和杀人未遂被判了 6 年刑期。

在加斯金被捕后不久，警方就在他的住所发现了许多失踪者的物品。警方怀疑这些失踪者都被加斯金杀害了。在审讯过程中，加斯金很快就承认了自己所犯下的罪行，他还带着警方来到了藏尸地点，挖出了 8 名被害人的尸骨。

1968 年，加斯金假释出狱，这显然是个错误的决定。出狱后不久，加斯金就再次犯罪，他强奸了一名 12 岁的少女。

1969 年 9 月，加斯金开始了系列杀人行为。加斯金很喜欢折磨被害人，为了满足这种变态的心理需求，当他控制了一名被害人的时候，会尽量想办法让被害人活着，好让他尽情地虐待对方。

1970 年 11 月，15 岁的珍妮丝和她 17 岁的朋友失踪了。珍妮丝是加斯金的侄女，他对这个侄女早有非分之想，于是当家里只有珍妮丝和她的朋友的时候，加斯金决定利用这个机会强奸她们。但珍妮丝一直拼命抵抗，让加斯金无法得手，愤怒不已的加斯金开始殴打珍妮丝和她的朋友，直到两个人被殴打致死。当加斯金冷静下来后，就将两人的尸体带到一个人迹罕至的地方埋了。

1973 年，加斯金犯下了一起最令人发指的罪行，他杀死了一名 23 岁的孕妇和一个一岁的女婴，这对母女是加斯金的邻居。

1975 年，加斯金杀死了一个男人，他这次杀人完全是为了钱，他被一名女子雇用，该女子让加斯金杀死她的男朋友。杀死目标人物后，加斯金开始担心这个女人会报警，于是他就杀死了这个雇用他的女人。后来加斯金得知，这个女人将雇人杀死男友的事情告诉了她的闺密，为了永除后患，加斯金又杀死了女人的闺密。不久，加斯金又杀死了一个男人。这个男人是女人闺密的男友，原来闺密将这件事当作一个秘密告诉了自己的男友，加斯金为了掩盖罪行，只能将该男子杀死。于是，在这起雇凶杀人案中，加斯金前前后后杀了4个人。

1976年5月，加斯金被判处死刑。在庭审过程中，加斯金的辩护律师本应该履行职责，尽量为加斯金进行辩护，但辩护律师并没有这样做，他觉得加斯金实在罪无可恕，尤其是他还杀害了一名无辜的一岁女婴。辩护律师不仅没有为加斯金进行辩护，还称他是"美国有史以来最邪恶的人"。

加斯金的死刑并未顺利执行。11月，美国联邦最高法院认为此项判决结果有违宪法，于是加斯金被改判终身监禁。但几年之后，加斯金又在监狱里犯下了杀人罪。此时的南卡罗来纳州已经恢复了死刑，所以他再次被判处死刑。于是58岁的加斯金在1991年9月6日被送上电椅处死。既然加斯金已经被判为无期，他在监狱里是怎么杀人的呢？

1982 年，一个名叫鲁道夫·特纳的犯人被加斯金杀死。加斯金身材矮小，在监狱里属于会被欺负和强奸的那一类人。鲁道夫不了解加斯金的过往，所以他想朝加斯金下手，这让加斯金萌生了杀死鲁道夫的想法。

在之后的几周内，加斯金开始尝试杀死鲁道夫，例如在食物里下毒。最后加斯金用一种塑胶爆炸物杀死了鲁道夫。加斯金将这种塑胶爆炸物和一个引爆器藏在了一个收音机里。加斯金把这个收音机交给鲁道夫，并对鲁道夫说自己已经将收音机改装成了对讲机，鲁道夫可以利用这个对讲机和自己对话。鲁道夫相信了加斯金的说法，将这个收音机拿走了。等加斯金回到自己的牢房后，就引爆了收音机，最后鲁道夫被炸死了。

鲁道夫不是第一个企图强奸加斯金的人。在加斯金因抢劫被关进少管所的时候，他就曾被人强奸，那个时候加斯金身材矮小，根本没有抵抗力，只能任人鱼肉。虽然少管所的看守知道强奸现象的存在，但根本不会管。在少管所的两年，是加斯金一生中最黑暗的时光，他的人格变得更加扭曲。

从少管所出来后，加斯金继续犯罪，除了抢劫、盗窃外，他开始对女性施暴，而且施暴的次数越来越多。凡是被加斯金盯上的女人，除了会被抢劫外，还会被加斯金强奸或殴打。

1953 年，警方接到报案，一名女孩失踪了。警方根据线索，追踪到了一处偏僻的山林里，当时女孩差点被加斯金杀死。原来是加斯金绑架了女孩，他在强奸过女孩之后，就准备将其锤杀，幸好警方及时赶到。就这样，加斯金因强奸罪和杀人未遂罪被判处了 6 年刑期。

男子监狱是个充满暴力的地方，尤其是像加斯金这样身材矮小的犯人，常常会面临着被强奸的危险。在两个月后，加斯金再也忍受不了每天被强奸的日子,他决定杀死对他施暴的人,于是他偷偷藏起了一个铁片,并趁着施暴者不备,割开了对方的喉咙。当时的场面十分血腥,加斯金也因此被延长了15年监禁。从那以后,加斯金的监狱生活过得越来越顺畅,再也不会有犯人敢惹他这个狠角色。

加斯金之所以身材矮小,远不及同龄人那样高大,与他的身世有着密切的联系。在加斯金母亲怀孕期间,他的父亲就失踪了。可想而知,加斯金母亲当时的心情有多糟糕,这导致了加斯金的早产,出生时加斯金的体重只有4磅^①。

由于加斯金是早产儿,身体本来就不好,再加上后天疏于照顾,加斯金一直是同龄人中最矮小的那个。在加斯金出生后,他的母亲开始将注意力放在其他男人身上,根本无暇照顾加斯金。加斯金母亲身边的男人总是换来换去,她换男人比换衣服还要频繁。加斯金的母亲还很喜欢到夜店去玩儿,经常不着家。后来加斯金有了父亲,他的母亲嫁给了一个酒鬼。这个酒鬼继父还是个暴力狂,总是对加斯金母子拳脚相加,嘴上说是在教育他们,实际上只是在发泄。

在这样糟糕的环境中长大的加斯金注定要走上犯罪的道路,他在8岁的时候就辍学了。离开学校后,加斯金开始混帮派,从那以后加斯金就没有停止过犯罪。

【不良同伴:犯罪行为催化剂】

在一个人成长的过程中,同伴所起到的作用既独特又重要,会影响一个人的社会情感发展。当一个人步入青春期后,同伴的重要性就渐渐突出,而父母的影响会渐渐下降。在犯罪行为上,同伴的影响是一个重要影响指标。常言道,

①1磅约为0.5千克。

"近朱者赤，近墨者黑"，说的就是同伴的影响力。

青少年十分容易拉帮结派进行犯罪活动。对于青少年来说，尤其是像加斯金这样从小在一个糟糕的环境下长大的人，同伴会变得非常重要，加入一个团伙就意味着他能获得友谊、归属感和保护，甚至是安全感。

加斯金在8岁的时候就辍学了，他无法从家庭和学校那里获得归属感，而且恶劣的家庭环境和糟糕的学习成绩总是让他充满了自卑感和挫败感，这些压力会给他的心理带来困扰。而这种困扰恰恰可以在加入某些帮派之后得以摆脱。

如果一个人进行单独犯罪活动，尤其是第一次犯罪，那么他就会产生强烈的恐惧感。而团伙犯罪可以给他以安全感和作案的勇气，他会觉得犯罪的责任不是自己一个人在承担。

那么，什么样的青少年更容易加入帮派中呢？像加斯金这样的人。加斯金在一个糟糕的家庭环境中长大，他没有体会过母爱，还总是遭受继父的殴打，他没有机会学习与他人相处的社交技能，因此加斯金在学校里是个很容易被同龄人拒绝的孩子。调查研究显示，越是缺乏社交技巧的人越容易被同伴拒绝，而越是被拒绝的青少年就越渴望加入不良团伙中。

当加斯金加入帮派中时，他发现帮派中有许多人都和自己相似，于是他越来越容易被帮派中的不良同伴所影响，开始参与抢劫等犯罪行为。如果一个人在童年期或青春期已经出现行为问题或是反社会倾向，那么当他加入不良同伴团伙中，他的行为问题会越来越严重，他的反社会倾向会因为周围人的鼓励而得以助长。

Criminal Psychology

品尝狱友的大脑——

罗伯特·莫兹利

1977 年的一天，英国的布罗德莫精神病院里的一名警卫像往常一样检查精神病罪犯的房间，结果在一个房间里看到了一具高高挂起的尸体。当他走进去查看时，发现尸体的头盖骨被掀开，大脑裸露在外面，就像放在杯子里的早餐蛋，而且暴露在空气中的大脑上还插着一把勺子，部分大脑不见了。这个场景让警卫产生了一种让人脊背发凉的想象，消失不见的大脑很可能是被人用勺子挖着吃了。

凶手很快就找到了，是个因杀人罪被判在精神病院接受治疗的精神病罪犯，名叫罗伯特·莫兹利。被害人是一名恋童癖罪犯，莫兹利联合另一名病人将被害人关进一个小隔间，并对被害人进行了长达 9 个小时的折磨，最后莫兹利勒死了被害人，并故意将尸体高高挂起，这样才能引起警卫的注意。

在犯下杀人罪行前，莫兹利是个瘾君子。吸食毒品需要很多钱，为此莫兹利当起了男妓。在 1973 年的一个晚上，一个名叫约翰·法雷尔的嫖客包下了莫兹利。其间，法雷尔向莫兹利炫耀了自己侵犯过的儿童的照片。法雷尔的这个举动激怒了莫兹利，于是莫兹利用一根绳子勒死了法雷尔。

在庭审中，法官考虑到莫兹利曾在精神病院接受过治疗，认为莫兹利的精神状态不足以接受审判，于是莫兹利被送到了布罗德莫精神病院，这是一家专门为精神病罪犯开设的精神病院。莫兹利在这里待了 3 年多，就杀死了一名恋童癖者。

这一次莫兹利被判处一级杀人罪，法院认为莫兹利的精神状态可以接受审判，莫兹利被送进了韦克菲尔德监狱。这不是一座普通的监狱，里面关押的都是全国犯下严重罪行的罪犯，而且这座监狱还有一个外号，叫"怪物"。

韦克菲尔德监狱的犯人们得知莫兹利这个吃掉人脑的怪物将会来这里服刑后，就给他起了诸如"食人魔""噬脑者"这样的外号。在莫兹利来到监狱之前，就已经是这里的名人了。在监狱里，没有犯人愿意和莫兹利这个怪物在一起，他总是独自一人待着。

在监狱里待了仅仅一个星期，莫兹利就瞄上了一个新目标，开始了另一场杀戮，这一次被杀害的是强奸犯沙林·达尔伍德。

在自由活动的时候，达尔伍德被莫兹利骗到了他的牢房内。达尔伍德一进门，莫兹利就掏出一把自制的简易匕首割断了达尔伍德的喉咙，达尔伍德甚至来不及呼救就丧了命。之后，莫兹利开始寻找下一个目标。

虽然狱警没有发现监狱里闹出了人命，但犯人们都知道达尔伍德在进入莫兹利的牢房后再也没出来。当莫兹利引诱其他犯人回牢房时，没有人愿意和莫兹利走。在犯人们看来，莫兹利是个眼神里满是疯狂的人。

既然猎物不肯主动上钩，那莫兹利就主动出击，莫兹利拿着刀走进了56岁的比尔·罗伯斯的牢房。当时罗伯斯正躺在床上休息，根本想不到一个疯子居然拿着刀来杀他。莫兹利走近之后，对着罗伯斯的脑袋用力砍去，之后抓着被砍得血肉模糊的罗伯斯的脑袋疯狂地往墙上撞。

杀死罗伯斯后，莫兹利来到了狱警办公室，他将带血的刀子扔到狱警的办公桌上，然后对狱警说："下一次你点名的时候就会发现监狱里少了两个人。"

莫兹利再次被送上法庭接受审判。审判结束后，莫兹利又被送回韦克菲尔德监狱。这一次，监狱方为了避免莫兹利伤害其他犯人，专门给他准备了一间独特的牢房。

这间牢房由厚重的有机玻璃搭建而成，里面所有的家具都是由厚纸板打造的，既坚固又不具备用来杀人的可能性。这间牢房没有窗户，只有一个用来递食物和水的小窗口。每天莫兹利有一个小时的放风时间，他放风的地方是块不到25平方米的小场地，而且还有至少5名狱警看管。当莫兹利待在牢房内时，也由几名狱警严加看管。

最初，监狱还给莫兹利安排了一名精神病专家鲍伯·强森，他一直为莫兹利做治疗。在治疗持续了3年左右时，突然被强行终止了。在强森看来，如果这个项目能继续下去，那么他就能让莫兹利内心的暴戾全部消除掉，让他成为一个正常人。从此以后，莫兹利再也没有与人接触过，他只能与蟑螂做朋友，甚至12年来都没有修剪过一次头发。

一个如此邪恶的人有着怎样的人生经历呢？1953年6月，莫兹利出生了，他是父母的第四个孩子。在莫兹利刚过完一岁生日不久，他就和3个哥哥姐姐一起被父母送进了一座天主教徒孤儿院。

对莫兹利来说，在孤儿院的时光过得很快乐。孤儿院里有修女，也有可以和他玩游戏的哥哥保罗，而且还不用饿肚子。有时候，当父母突然来了兴致，会去孤儿院看望莫兹利和他的哥哥姐姐。

10 岁时，莫兹利和哥哥姐姐一起回到了父母的身边。这是一个拥有众多孩子的大家庭，莫兹利多了 8 个弟弟妹妹。

回家后不久，莫兹利的噩梦开始了。等待莫兹利的不仅是填不饱肚子，还有无尽的暴力。在家里的 12 个孩子中，莫兹利是被打得最惨的那一个。莫兹利每天都会挨拳头。有一次，莫兹利被父亲关在房间里整整 6 个月，每当父亲不顺心的时候就会打开门殴打莫兹利，有时候用拳头，有时用球棒，甚至有一次还直接用一把手枪抵着莫兹利的后背。在被关禁闭的时候，莫兹利每天大概会被父亲殴打 4 到 6 次。

14 岁时，莫兹利获得了解脱，他被社工带走，并被一户人家收养。对于社工强行带走莫兹利这件事情，父亲十分生气，他愤怒地告诉家里的其他孩子，莫兹利已经死了。

在收养家庭中，莫兹利与养父母并未建立起亲密的亲子关系，他经常与养父母发生矛盾。在养父母看来，莫兹利是个与正常男孩不一样的孩子，他十分孤僻，而且没有年轻男孩应有的活力。

16 岁时，莫兹利离开了养父母，从利物浦来到了伦敦。与利物浦不同，伦敦是个喧闹的大都市，这里充满了各种各样的诱惑，莫兹利很快染上了毒品。自从吸食毒品后，莫兹利的精神状态开始变得更加糟糕、不稳定，甚至还出现了十分明显的自杀倾向。莫兹利的朋友非常担心他的精神状况，就将莫兹利送到了精神病院。

在精神病院接受治疗的时候，莫兹利不止一次地向医生反映，他的脑袋里总有个声音在命令他杀死自己的父母。尽管有如此危险的想法，莫兹利还是被放出了精神病院。之后为了获得吸食毒品的金钱，莫兹利成了一个男妓。

莫兹利因杀死一名嫖客而被判入狱。一般情况下，犯人们通常在监狱外会比较猖狂，进了监狱后会收敛许多。但莫兹利显然是个意外，他在服刑期间杀死了 3 个人。因此，他被英国政府认为是最危险的人。

自从哥哥保罗得知莫兹利被单独关押后说："我只能说，单独关押莫兹利会将他逼得更加疯狂，因为这会让莫兹利想起幼年时被父亲囚禁的痛苦，这无疑会使莫兹利的病情加重。"莫兹利在一次采访中也表示："可以想象未来的某一天我会精神崩溃，到时候我会想尽一切办法自杀。这对于政府和整个社会来说会是个好消息，因为这样罗伯特・莫兹利这个麻烦就能轻松快捷地处理掉了。"

【都是父母的责任吗】

家庭因素与一个人的反社会行为之间的关系十分复杂。一般情况下，如果父母遭遇了压力事件，例如失业、收入低或离婚等，就会对孩子无暇照顾，甚至可能会采用十分严厉的教育方式，这会增加父母与孩子之间的冲突。但这并不会引发孩子的反社会行为。如果父母出现了粗鲁野蛮的攻击性行为，例如殴打、虐待孩子，那么家庭就会成为一个人出现反社会行为的风险因素。

根据莫兹利的哥哥保罗的回忆，他们在孤儿院的日子过得非常好，有饭吃有水喝，还有修女的陪伴。偶尔出现的父母就和普通的陌生人一样。回到家后，他们开始经常挨打，凡是父母有不顺心的事情，就会将家里的孩子拎过来一个接一个地打，打完后将孩子们丢回房间关禁闭。

这种充满暴力的童年固然埋下了莫兹利内心的暴力因子，但暴力的父母并不能成为莫兹利疯狂犯罪行为的源泉。在亲子关系中有一个重要的概念，即交互影响。交互影响理论认为，父母既会影响孩子，孩子也会影响父母。消极的父母教养方式可能会导致孩子出现反社会行为，但消极的教养方式可能也是对孩子攻击性行为的一种回应。在家中的 12 个孩子中，莫兹利挨打最多。即使莫兹利被送入正常的家庭生活，他也会表现得非常孤僻且具有攻击性。

Criminal Psychology

连自己的孩子都不放过——

韦斯特夫妇

1993 年，英国港口城市格洛斯特一所学校里，校方正在安排社会工作者对一名学生安妮进行辅导，安妮长期受到继母的毒打，引起了校方的注意。在辅导过程中，安妮讲述了她生活在怎样一个地狱般的家庭中。

安妮的父亲弗雷德·韦斯特与母亲罗斯玛丽虽然是一对恩爱夫妻，但在虐待女儿时却毫不手软。安妮在 8 岁时就遭到了弗雷德的性侵，罗斯玛丽还经常殴打她。到了 13 岁，弗雷德开始强迫安妮与罗斯玛丽一起卖淫。当安妮接待嫖客的时候，弗雷德就在旁边看着。14 岁时，安妮因弗雷德的性侵而怀孕，很快就被安排做了流产手术。

安妮还提到了她的亲姐姐希瑟，一个自从 1987 年就不见了的 17 岁少女。希瑟失踪后，韦斯特夫妇并未着急寻找女儿，只是对外声称希瑟离家出走了。

安妮说，她的姐姐并未失踪，而是被埋在天井下面。

1994 年 2 月，警方在韦斯特夫妇住所的后院发现了希瑟的尸体，这说明安妮所言非虚。此外，警方还发现了 9 具女尸，全都是 15 岁到 22 岁之间的女孩子。

早在 1987 年，韦斯特夫妇就被指控家暴。当时希瑟失踪了，她的男朋友欧文·马歇尔很着急，觉得希瑟一定被韦斯特夫妇关在家里，于是马歇尔一有时间就去韦斯特夫妇的住处溜达，有一次他在夜里听到了尖叫声。罗斯玛丽解释道，那是希瑟在做噩梦。后来，希瑟的失踪还引起了同学家长的注意，便向警方报案，指控韦斯特夫妇涉嫌家暴。由于证据不充分，再加上关键证人希瑟的失踪，这项指控也就不了了之了。不过马歇尔却注意到，在希瑟失踪了一段时间后，韦斯特夫妇开始在住所的后院建造了天井，希瑟的尸体就埋在天井下。

蕾娜是弗雷德的前妻，是个性工作者。在与弗雷德结婚前，蕾娜还怀着另一个男人的孩子，但弗雷德却毫不介意。婚后不久，蕾娜生下了一个女孩儿，取名为查梅因。后来，蕾娜又为弗雷德生了一个女儿。

在弗雷德与罗斯玛丽厮混的时候，蕾娜和查梅因失踪了。面对警方的盘查时，弗雷德解释说，蕾娜带着查梅因和别的男人私奔了。这个解释很合理，毕竟蕾娜是个性工作者，私生活非常随意。实际上，蕾娜和查梅因被韦斯特夫妇杀死了，她们的尸体在 1994 年被警方发现。

1972 年，17 岁少女卡罗琳·欧文斯到警察局报案，她是韦斯特夫妇的保姆。在她辞职准备离开时，遭到了韦斯特夫妇的攻击，他们用胶带将她的嘴封起来，然后卡罗琳遭到了韦斯特夫妇的性侵。事后，弗雷德警告卡罗琳，让她管好自己的嘴巴，不要到处乱说，不然就把她埋在后院的花园里。获得自由后，卡罗琳立刻报了警。但弗雷德只被拘留了几日，在交了罚款后就获得了自由。

罗斯玛丽出生前，她的母亲因长期遭受丈夫的虐待而患上了严重的抑郁症。

在怀孕期间，罗斯玛丽母亲的抑郁症更加严重，甚至被送到医院接受电击治疗。这次的电击治疗不仅毫无效果，还给孕妇和胎儿造成了伤害。

在这样糟糕的家庭环境下长大的罗斯玛丽从小就出现了许多行为问题，她脾气暴躁、没有朋友，学习成绩也很糟糕。13 岁时，罗斯玛丽的母亲再也无法忍受丈夫的虐待，将罗斯玛丽留下，离家出走了。从此以后，罗斯玛丽的生活变得更加糟糕，她成了母亲的替代品，常常遭受父亲的虐待和性侵。

15 岁时，罗斯玛丽认识了弗雷德，两人很快坠入了爱河。罗斯玛丽很想与弗雷德结婚，但父亲根本不打算放过她。直到罗斯玛丽怀上弗雷德的孩子后，她才搬了出去，毅然决然地嫁给了弗雷德，她终于摆脱了父亲的控制，但她摇身一变成了施虐者。结婚后，罗斯玛丽生下了 8 个孩子，虽然这些孩子并不都是弗雷德的，但弗雷德却毫不在乎。

弗雷德在与罗斯玛丽结为夫妇后不久就搬了家，他们搬到了克伦威尔街居住，并找到了一个有地下室的房子。弗雷德对新住所十分满意，还曾让邻居伊丽莎白·阿吉厄斯参观过自己的新住所，他曾用非常怪异的目光看着地下室，并对伊丽莎白说："我会把这里当成我折磨人的地方。"

在弗雷德与罗斯玛丽所组建的家庭里，充满了毒品和乱交，根本就是一个犯罪的窝点。弗雷德的家里还住着一些居无定所的流浪者，有男有女，他们只需要支付十分低廉的租金就可以了。有的租客会在这里居住数月，有的只待上几个小时就离开了，有的租客则被韦斯特夫妇杀害，并埋在了后院。

在这个家里，弗雷德不仅给租客们提供毒品，还提供性服务，他怂恿罗斯玛丽卖淫，等女儿长大后就威胁女儿卖淫。在阁楼上，弗雷德准备了一个特殊的房间，里面隐藏着摄像头，每当罗斯玛丽或女儿接待嫖客的时候，弗雷德都会躲起来偷窥。

1973 年，一位母亲来到克伦威尔街寻找失踪的女儿，她的女儿琳达·高夫在来到韦斯特夫妇家里工作后不久就失踪了。当琳达的母亲来到韦斯特夫妇家门口时，罗斯玛丽正在家里，她一眼就认出了罗斯玛丽身上穿的衣服是琳达的。面对琳达母亲的质问，罗斯玛丽解释说，琳达突然离开了，来不及带走衣服。其实琳达已经被韦斯特夫妇杀害，她的尸体就被藏在浴室下面。

一些年轻、离家出走的女孩子很容易被韦斯特夫妇盯上，他们经常开着车外出寻找此类的女孩子，因为她们很容易被诱骗，尤其是罗斯玛丽在场，很多女孩子都会放松警惕，轻易地上车并跟着韦斯特夫妇去他们的住所。例如一个名叫雪莉·罗宾斯的年轻女孩就曾租住过韦斯特夫妇的房间，她在和弗雷德发生性关系后怀孕了。怀孕后，雪莉一直很担心会遭到罗斯玛丽的报复。1978 年，这个怀有 8 个月身孕的年轻女孩突然失踪了。当人们问及雪莉时，弗雷德都会解释说雪莉去德国投奔亲戚了。

韦斯特夫妇不仅杀害了许多年轻的女孩，就连亲生女儿也不放过。他们之所以会做出如此残忍的事情来，或许与他们的成长经历有关。罗斯玛丽成长于一个充满了虐待和性侵的家庭，弗雷德也成长于一个变态暴力的家庭。

弗雷德有 8 个兄弟姐妹，家里的经济状况本就不好，再加上还要抚养许多孩子，经济状况就更糟糕了。弗雷德的母亲是个脾气火爆的人，凡是孩子犯错，就要遭受十分严厉的体罚，顽皮的弗雷德没少被母亲责罚。在少年时代，弗雷德曾亲眼看见父亲与妹妹们乱伦，这在他的心理上留下了难以抹去的阴影。

17 岁时，弗雷德经历了一场严重的车祸，导致他头部严重受伤。车祸后，弗雷德很快就恢复了健康。可是他的性情却发生了变化，他的脾气越来越暴躁，动不动就会抢拳头。被学校开除后，弗雷德在建筑工地上找了一份工作。不久之后，弗雷德就被父母赶出了家门，因为他曾企图性侵一名 13 岁的少女而被指控。不过这项指控最后不了了之了，因为弗雷德声称自己的头部曾遭受过严重的伤害，每当头部旧伤复发时，他就无法控制自己。

1993 年 10 月，韦斯特夫妇因涉嫌多起谋杀罪被逮捕。弗雷德很快就承认了自己所犯下的罪行，他告诉警方所有的罪行都由他一人承担，与妻子罗斯玛丽无关。罗斯玛丽则相反，她说自己是个无辜者，根本不知道弗雷德是个内心阴暗的杀人狂。罗斯玛丽还强调自己也是个受害者，被弗雷德胁迫着卖淫。

当弗雷德得知罗丝玛丽的供述后，十分愤怒，他觉得自己被罗斯玛丽背叛和抛弃了，于是开始出现自杀倾向。不过弗雷德并没有戳穿罗斯玛丽的谎言，他决定用自杀结束这一切。弗雷德表示，他虽然是个十恶不赦的恶魔，但对罗斯玛丽的爱却很真挚，他愿意为罗斯玛丽承担下所有的罪名，不让她牵涉其中。在公开审判快要来临之际，弗雷德被发现在监狱里用毛巾上吊自杀了。

罗斯玛丽的辩护律师得知弗雷德身亡的消息后，立刻开始准备无罪申辩。辩护律师认为，对于罗斯玛丽的起诉应该被撤销，因为该指控不仅缺乏证据，媒体的大量宣传也会导致审判缺乏公正性。

在法庭上，罗斯玛丽否认了所有指控后开始讲述自己的悲惨遭遇，她一直强调自己受到了欺骗，弗雷德年长自己许多岁，天真的自己轻易地上了弗雷德的当，罗斯玛丽还提到了弗雷德逼迫自己卖淫的事情。

当控方律师提及罗斯玛丽积极参与了弗雷德的谋杀行动时，立刻遭到了罗斯玛丽的反对："不，我不会杀人的，尤其是杀害自己的女儿。虽然我不是一个好母亲，但我不认为自己是那么坏的母亲。弗雷德·韦斯特死了，所以我成了替罪羊，我必须得为他所做的一切负责。"

虽然弗雷德已经身亡，无法出庭受审，但他留下的录音磁带却成了一份指控罗斯玛丽的证据。在录音磁带中，弗雷德讲述了自己所犯下的罪行，并声称这一切都是他一个人所为。整个过程中，弗雷德的语调十分平静，毫无忏悔之意，好像只是为了将犯罪行为陈述清楚。最后弗雷德提到，他并未将所有的真相都说出来，因为从他被捕的那一刻起，他就在保护一个人。

此外一名警察还提供了一项十分关键的证据，在 1990 年弗雷德就曾被指控与自己的几个女儿发生性关系，当时罗斯玛丽就是一个积极参与者，她不但不会阻止丈夫性侵女儿，还会怂恿助兴。当时参与调查的警察回忆说："罗斯玛丽会策划丈夫性侵女儿，她会安排女儿做好准备，然后再通知丈夫与女儿上床，并且罗斯玛丽还会将丈夫强奸女儿的过程拍摄下来。"

在场的所有人，包括生还的幸存者、被害人家属，都不相信罗斯玛丽是个无辜者。种种证据和迹象都显示，罗斯玛丽绝对不可能对韦斯特所犯下的罪行毫不知情，而且她极有可能是这些谋杀案背后的策划者。最终，罗斯玛丽被判处了 10 次终身监禁。因为英国已经废除了死刑，罗斯玛丽得对 10 起谋杀案负责，其中包括自己 17 岁的女儿、8 岁的继女查梅因和她丈夫弗雷德身怀六甲的情妇雪莉。在宣布审判结果时，法官对罗斯玛丽说："希望你永远都不会被释放。"不久，韦斯特夫妇居住的克伦威尔街 25 号也被铲平了，这一系列 20 世纪 90 年代在英国引起轰动的连环杀人案也就此结束。

玛丽安·帕丁顿是被害人家属之一，她的姐姐露西就死在了韦斯特夫妇手中。1973 年 12 月的一天，21 岁的露西在等公交车的时候失踪了。直到 20 年后，玛丽安才得到了露西的消息，警方告诉她，露西的尸体被找到了，杀死露西的凶手是一对夫妇，他们将露西杀死后，就埋在了自家的后院内。

玛丽安一直憎恨着韦斯特夫妇，但当她了解了罗斯玛丽的童年经历后，开始同情起这个恶魔来。虽然罗斯玛丽是杀害她姐姐的凶手，但她却宽恕了罗斯玛丽："罗斯玛丽在那样的环境下长大，她的世界里有爱吗？或许只有害怕。

如果一个人的世界里没有爱，那么他怎么学会爱呢？"

2004 年，玛丽安给在狱中服刑的罗斯玛丽写了一封信，她表示自己不再憎恨罗斯玛丽，并且很同情她的遭遇。罗斯玛丽很快回信了，她在信中要求，玛丽安再也不要给她写信。此外，玛丽安还与弗雷德的弟弟道格拉斯、女儿安妮取得了联系，并且一直保持着联系，她试图帮助这些人走出被虐待的阴影。

【童年暴力和性虐待】

与正常人不同，像韦斯特夫妇这样的人格异常者不仅会表现得自私自利，而且对所犯下的错误乃至罪行都不会愧疚。人格异常是犯罪心理学中常常提及的一个概念，具体是指缺乏良知和共情能力的一群人。

人格异常与反社会型人格障碍这两个概念虽然有许多相似之处，但并不完全一致。简单来说，反社会型人格障碍常常与犯罪行为联系在一起。换句话说，反社会型人格障碍者比人格异常者更容易出现犯罪行为。

人类社会由千千万万个个体组成，那么为什么有的人的人格是正常的，有的人的人格却是异常的，甚至还会是反社会型人格障碍？人格的异常由许多因素造成，其中最重要的一个因素是成长经历，即人格异常者常常有一个悲惨的童年，例如韦斯特夫妇。

研究显示，人格异常者童年常常会遭受父母的忽视、虐待，甚至是反感和冷漠。在一项调查研究中，调查者在伦敦找到了 400 名 8 岁到 10 岁的男孩，随后开始了前瞻性的纵向调查。结果显示，如果一个男孩成长于一个遭受忽视、人口众多、父母一方犯罪、母亲抑郁、贫穷等家庭环境中，那么他在长大后极有可能会是一个人格异常者。

在一个人的童年时期，母亲扮演着十分重要的角色，我们不仅需要母亲的关爱，还要从与母亲的相处中学会关爱他人的能力，这种爱的能力可以帮助一个人建立起良好的人际关系。但是韦斯特夫妇的童年生活却充满了暴力和性变态。弗雷德没有从脾气暴躁的母亲那里获得应有的关爱，罗斯玛丽的母亲则有十分严重的抑郁症。

罗斯玛丽的母亲经常遭受丈夫的虐待，因此患上了严重的抑郁症。在亲子关系中，抑郁症的母亲对孩子来说将是一场灾难，孩子很快就会被母亲的抑郁情绪所感染。婴儿为了获得母亲的关爱，不仅长着可爱的面孔，还会主动地、积极地与母亲互动。抑郁症的母亲通常会忽视这种互动，于是婴儿会感到沮丧和害怕，良好的母婴互动关系也会因此结束。

罗斯玛丽不仅没有得到母爱，还在母亲离开后，不断遭受父亲的虐待和性侵。当罗斯玛丽与弗雷德结婚后，她终于摆脱了父亲的掌控。只是此时的罗斯玛丽已经不再是个正常人，她不具备正常人的情感。罗斯玛丽的经历恰恰证明了心理学家安娜·莫兹提出的暴力循环的理论，就像玛丽安说的那样："我一直无法理解罗斯玛丽所犯下的罪行，但当我听说罗斯玛丽之前曾遭受过父亲的性虐待……我想我懂了。"

如果说罗斯玛丽的母亲是个不合格的母亲，那么罗斯玛丽就是个残忍的母亲，她不仅没有尽到母亲应有的责任，还一手策划让丈夫强奸亲生女儿，甚至连亲生女儿的死她也参与其中。在正常的亲子关系中，母亲是慈爱的，但在扭曲的亲子关系中，母亲往往会成为施暴者。莫兹认为，如果一个母亲遭受过虐待或忽视，尤其是有过自残行为，她们就很容易在幼小的生命面前，例如自己的孩子，扮演施暴者的角色，好像这样就能报复曾经虐待过自己的人。莫兹还提出，女性之所以会出现杀害或虐待自己孩子的异常行为，通常与毁灭自身令人讨厌的部分密切相关，因为她们往往将孩子看成自己的一部分。

Criminal Psychology

智商只有 68 的连环杀手——

卡尔·尤金·沃特斯

    1974 年 12 月，密歇根州卡拉马祖镇，有两名女子遭到了一名陌生黑人男子的袭击，两名女子成功逃脱了该男子的掌控，随后协助警察抓住了该男子。该男子名叫卡尔·尤金·沃特斯，是个智商只有 68 的暴力分子，曾在 1969 年因袭击女性而被送入精神病院，那个时候沃特斯只有 15 岁。

    警方抓住沃特斯后就开始了审讯工作。在审问中，沃特斯承认自己袭击了两名女性，还交代了另外十几起袭击案，他说自己袭击了 15 个人。但当警方问到一起谋杀案是否与沃特斯有关时，沃特斯矢口否认。实际上，沃特斯除了袭击女性外，还杀死了葛洛莉亚·斯蒂尔和戴安娜·威廉姆斯。

    1974 年 10 月 25 日，丽诺尔·辛加迪在住所被沃特斯袭击。沃特斯殴打丽诺尔后准备用一条麻绳勒死她，幸运的是，丽诺尔是个比较强壮的女子，成功逃脱了沃特斯的控制，并跑到街上求救。当警察在丽诺尔的带领下赶到案发现场时，沃特斯已经逃走了。

    5 天后，卡拉马祖大学的女学生葛洛莉亚被沃特斯殴打并杀害。在案发当天，葛洛莉亚正在街上散步，当时沃特斯截住了她，向她询问是否认识一个名叫查理的男子。正当葛洛莉亚准备回答的时候，沃特斯掏出了一把短刀。于是在葛洛莉亚完全没有反应过来时，胸口已经被猛扎了 33 刀。警方在抓捕沃特斯后，认为葛洛莉亚的死与他有关，但沃特斯根本不承认自己杀害了葛洛莉亚，只承认所犯下的袭击罪，由于没有充分的证据，警方只好作罢。

    一个月后，当地又出现了一起类似的谋杀案，戴安娜在街上被人杀害。杀害戴安娜的凶手就是沃特斯。

当沃特斯因袭击女性被捕后，警方发现沃特斯有精神病，于是把他送到了卡拉马祖医院接受精神鉴定。精神鉴定结果显示，沃特斯有十分严重的反社会倾向。这份精神鉴定结果直接影响了法官的判决，法官在医生的建议下，给沃特斯减轻了刑罚，最终沃特斯因袭击女性被判处了一年监禁。

一年后，沃特斯出狱，他搬到底特律与母亲住在一起。不久之后，沃特斯交往了一个女朋友，名叫德洛丽斯。德洛丽斯为沃特斯生下了一个儿子，但两人还没来得及走入婚姻的殿堂就分手了。

1979 年，沃特斯结婚了，他的妻子名叫瓦莱丽亚。这段婚姻只维持了 6 个月就结束了，是瓦莱丽亚提出的离婚。她在婚后不久发现沃特斯是个十足的暴力狂，沃特斯不仅经常殴打瓦莱丽亚，还常常会无缘无故地砍断家里养的植物，有时候也会砸坏桌子椅子来撒气。这种提心吊胆的日子让瓦莱丽亚备受折磨，她很快就无法忍受下去了。

在这段婚姻期间，沃特斯并未满足于殴打妻子，他还袭击和杀害了两名女性。同年 10 月 8 日，一个 22 岁的年轻女子佩吉·帕马拉被沃特斯袭击并勒死。几天后，一个 44 岁的记者珍妮·克莱恩在回家的路上遭到了沃特斯的袭击，她的胸口和背部共有 11 处刀伤，都是被沃特斯用刀猛扎出来的。12 月，沃特斯再次被警方逮捕，不过由于证据不足很快被释放了。

1980 年 4 月 20 日，警方接到一个路人的报警电话，路人声称自己在人行道上发现了一具女尸。死者是雪莉·斯默，她的心口处有两处刀伤，虽然她的心脏受到了创伤，但并未立即毙命，而是因流血过多而死。警察发现雪莉尸体所在地有血迹，而且一直延续到了雪莉的住所。雪莉很可能是在被刺伤后从家里跑了出来，然后因失血过多倒在这里并死去。杀死雪莉的凶手就是沃特斯。

婚姻的破裂并未影响沃特斯对杀戮的痴迷，他继续实施杀戮，这一次被害人是一名 26 岁的年轻女子，名叫格伦达·里士满。格伦达被人发现时，倒在自己住所门口，还流了许多血。尸检结果显示，格伦达胸口被沃特斯捅了至少28 刀。不久之后，沃特斯又杀死了一个名叫艾琳的女子，艾琳与格伦达同样死于刀伤。

1980 年 9 月 14 日，蕾贝卡·胡夫被沃特斯杀害，她全身上下布满了刀伤，蕾贝卡生前应该遭受了非人的折磨，她身上的刀伤多达 54 道。

接连发生的多起谋杀案，让当地的警方倍感压力，于是成立了调查小组专门调查这些谋杀案，其中保罗是这个调查小组的负责人。一名警察对保罗说，沃特斯的嫌疑很大。

1980 年 11 月 15 日，安阿伯地区的警察接到了一名女子打来的一通电话。那名女子的处境应该十分危险，警察听得出来她的声音因为恐惧在颤抖着，该女子说她的住所闯进了一个陌生男子，这名男子十分凶狠，想要杀她，她现在正躲在衣柜里，她觉得那个男人应该很快就会找到她了。

警方在得知报警女子的家庭住址后立刻出发了，在距离该女子住所 20 英里①处警察抓住了沃特斯，当时沃特斯正开着车离开。警察在沃特斯的车上发现了一本字典，上面写着一名被害人的名字。除此之外，警察没有发现什么可疑之处。一本字典不足以证明沃特斯就是凶手，于是警察只好放走了沃特斯。

1981 年春天，沃特斯离开了底特律，搬到得克萨斯州的哥伦布居住，并在当地的一家石油公司找到了一份工作。安顿好一切后，沃特斯就开始寻找猎物，他将狩猎场选在了 70 英里外的休斯敦。从此以后，休斯敦开始频繁发生女性在自己家中遇刺身亡的案件，整个休斯敦都陷入恐慌之中，尤其是女性，她们害怕自己某天会被刺死在家中。

---

①1英里约为1.6千米。

1981 年 11 月 5 日，22 岁的琳达·蒂利被人杀死，她的尸体在自家的游泳池内被人发现。一个星期后，伊丽莎白·蒙哥马利在遛狗的时候被人刺死。10 天后，21 岁的苏珊·沃夫在购买冰激凌的路上突然被一名陌生男子袭击，该男子用刀刺伤了苏珊的手臂和胸口，苏珊在等待救护车的过程中身亡。

上述 3 起谋杀案的凶手就是沃特斯。当保罗听说休斯敦发生的 3 起谋杀案与自己处理的几起谋杀案十分相似后，认定凶手一定是沃特斯，于是他立即与休斯敦的警方取得了联系，并将沃特斯的资料提供给休斯敦警方。一场抓捕行动开始了。这场抓捕行动持续了好几个月，都没有抓到沃特斯，与此同时沃特斯的杀戮行为依旧在继续。

1982 年 1 月 14 日，有人在公园发现了一具被吊在树上的女尸。被害人是菲莉丝·塔姆，她每天有慢跑的习惯，菲莉丝应该是在慢跑时被沃特斯袭击并杀害的。两天之后，有人在自己汽车的后备厢中发现了一具女尸，被害人是 25 岁的女大学生玛格丽特·福斯贝卡尔，沃特斯将玛格丽特勒死后，藏到了一辆汽车的后备厢内。

在接下来的 3 个月内，接连有 5 名女性被沃特斯杀害，被害人分别是 14 岁的艾米丽、20 岁的海伦娜、34 岁的尤兰达·格蕾丝、32 岁的卡里·杰弗逊和 25 岁的苏珊娜·塞尔斯。

1982 年 5 月 23 日，米歇尔·马蒂在自己所租住的公寓后被沃特斯打晕并溺死在浴缸中。

接着，沃特斯再次闯入一栋公寓中，这是两个女孩罗莉和米兰达合租的公寓，沃特斯将两个女孩打晕后，就想像杀害米歇尔一样将两个女孩溺死，于是他开始往浴缸里加水。在这个过程中，米兰达醒了过来，她开始想办法逃命。她没有立刻站起来，而是继续装晕，等沃特斯走过来时，米兰达突然起身将沃特斯撞倒，然后迅速从窗户跳了出去，并跑到街上求救。路过的巡警在听到米兰达的呼救声后，立刻赶了过来，米兰达简单说明了自己的遭遇，然后带着警察赶到自己的公寓，当时沃特斯正准备溺死罗莉。

虽然警方知道沃特斯就是制造这些连环命案的杀手，但警方手中却没有充足的证据来起诉沃特斯。于是得克萨斯州的检察官决定与沃特斯达成一项协议，即沃特斯只要同意招供自己所犯谋杀案的细节，那么警方和检察官就会忽略沃特斯在得克萨斯州所犯下的命案，只以杀人未遂的罪名起诉他。虽然智商只有68，但沃特斯很快就明白这是一项对自己十分有利的协议，因为杀人未遂的罪名只会被判处60年刑期，而杀人罪则可能会被判处死刑，想到这些沃特斯爽快地答应了检察官的条件，于是开始交代12起命案的作案细节。

不过其他州的检察官却不认可得克萨斯州检察官的做法，于是沃特斯又接连到其他州接受审问。

据统计，沃特斯在各个州所犯下的谋杀案加起来差不多有40起，按照他的说法，他一共杀害了80个女人。

由于沃特斯所犯下的命案涉及几个州，各个州的量刑标准又不一样，所以沃特斯的服刑过程十分曲折，他先是在得克萨斯州的监狱里待了两年，然后又被送到了密歇根州的监狱里服刑。2007 年 9 月 21 日，沃特斯不用再服刑了，他因前列腺癌死在了医院里。

1953 年 11 月 7 日，沃特斯出生在得克萨斯州，他的父亲是美国陆军一等兵，母亲在一所幼儿园担任美术老师。在沃特斯两岁的时候，父母就离婚了。离婚是母亲提出的，因为她无法忍受夫妻二人长期分居、两地生活，但沃特斯的父亲又无法做出妥协，他是一名军人，一年中的绝大部分时间都待在部队。母亲在与父亲离婚后，带着年幼的沃特斯搬到外祖母所在的英克斯特居住。

沃特斯在很小的时候就表现出了暴力倾向，他会虐待和杀害一些动物。5 岁的时候，沃特斯就曾到处抓野兔。他抓到野兔后，会将野兔带回家，然后在车库里将野兔肢解和扒皮。母亲曾撞见过一次沃特斯的暴力行为，但她并没有在意，她觉得这是男孩子在小时候都喜欢做的事情。

1962 年，沃特斯的母亲再婚了，她找了一个技工，不久之后沃特斯有了两个妹妹。

进入青春期后，沃特斯开始尾随女人，并出现了攻击女人的暴力行为，据说沃特斯第一次杀人是在 14 岁的时候。按照沃特斯的说法，他进入青春期以后和所有的男孩子一样开始对女人充满了兴趣，但他并不渴望女人的身体，而是幻想着能折磨她们。后来，沃特斯开始将幻想变成现实。

13 岁时，沃特斯的健康出了大问题，他不得不辍学治病，他患上了脑膜炎。一年后，沃特斯重新回到了学校，他虽然痊愈了，但智商却因脑膜炎降低了许多，已经远远低于正常人，他的智商只有 68。这让沃特斯在学习学校的课程时，如同听天书，他的考试成绩总是不及格，为此不得不多次留级，他也因此常常被同学们嘲笑。

1969 年 6 月 29 日，26 岁的琼·盖文从外面回家。当琼准备打开住所的房门时，沃特斯突然出现，并狠狠击打了琼的后脑，琼当时就被打晕了。之后，沃特斯就离开了，他这次出门是想购买一份报纸，因此在打晕琼后，他像什么事都没发生一样，继续去买报纸。

当琼醒过来后立刻报了警，警方随即开始抓捕袭击者。最终，警方在沃特斯的住所抓住了他。在审讯过程中，警察发现沃特斯的精神状态不正常，于是就给沃特斯安排了精神测试。测试结果显示，沃特斯患有精神病。之后沃特斯就从警察局被转移到了一家精神病院，这家精神病院位于底特律的拉菲特。

精神病院的医生在为沃特斯进行治疗的时候，不止一次听沃特斯说，他有打女人的欲望，而且十分强烈。当医生问沃特斯这个欲望是否给他带来了困扰时，沃特斯回答说，困扰是有过，但袭击过琼之后就好多了。

沃特斯所言让医生很担心，医生认为沃特斯就是一个暴力分子，内心充满了强烈的杀人欲望。由于沃特斯低于常人的智商，他现在还可以压制住想杀人的欲望，但他不会压抑太久，他的杀人欲望总有一天会压制不住。那么，到时候他就会成为一个随时可能危害他人生命的危险分子。

在精神病院待了一年后，沃特斯恢复了自由，医生认为沃特斯已经学会了克制自己暴虐的欲望，可以重新融入社会之中。

沃特斯重新回到学校继续自己的学业，虽然他的智商不高，但还是顺利高中毕业，毕业时他已经20岁了。毕业后不久，沃特斯就接到了田纳西州莱恩大学的录取通知书。由于沃特斯十分擅长橄榄球，莱恩大学非常看重他的这个特长，不仅愿意接收他，还为沃特斯提供了一笔奖学金。

对于沃特斯来说，这是一个十分难得的机会，但显然他没有好好珍惜，在入学后不久就被学校开除了。在校方看来，沃特斯是个危险分子，据说他在校期间袭击过好几个女学生，甚至还可能杀死了几个女学生。校方认为，留这样一个危险分子在学校会让整个校园不得安宁，于是校方做出了一个明智之举，开除了沃特斯。在之后的 8 年内，得克萨斯州、密歇根州和安大略湖附近的女人开始生活在恐惧之中，而制造恐惧的罪魁祸首就是沃特斯，由于沃特斯总喜欢在周日作案，因此被警方称为"星期天杀手"。

【支离破碎的道德感】

在沃特斯小的时候，他喜欢虐杀动物，长大后他开始虐杀女人。虽然沃特斯所虐杀的对象从动物到人，给人一种差别很大的感觉，但他所虐杀的对象有一个共同点，即相对于自己来说，都处于弱势。对于连环杀手来说，他们总会将处于弱势的人作为猎杀对象，例如独行或独居的女子。当连环杀手对一个在力量上远不如自己的女人下手时，他会因为自己完全控制住了对方而感到兴奋。对于沃特斯来说，这种控制所带来的快感要远远高于与女人发生性关系。

虐待动物的行为常常被认为是缺乏共情能力的表现，尤其是一个人能从虐待动物中获得快乐。如果一个人在童年时期曾做出过虐待动物的行为，那么这种行为就是未来更严重的行为问题的征兆。随着年龄的增长，他会出现越来越多的行为问题，甚至会触犯法律。也就是说，虐待动物与暴力行为之间具有很强的联系。不过在界定虐待动物行为是否残忍时，需要参考一些标准。首先是虐待的什么动物，如果是折磨昆虫、青蛙等动物，那是另外一回事儿；但如果虐待的是猫、狗等哺乳类动物，那就是应该引起警惕的严重行为了。

统计研究发现，如果一个人曾残忍地对待动物，那么他出现暴力行为的概率将是没有虐待动物的人的 3 倍。许多连环杀手在童年时期都曾出现过虐待动物的问题行为，而且当他们长大后会用虐待动物的方式来对待被害人。

　　在了解了像沃特斯这样的连环杀手所犯下的罪行后，绝大多数人都会产生一种疑问，即他们难道没有道德感吗？他们不会因给被害人及其家属所带来的伤害而感到愧疚吗？的确，不能以正常人所具有的思维和道德感去看待沃特斯等连环杀手所犯下的罪行。

　　沃特斯的道德感是破碎的，他不像正常人一样具备完整的道德感，因此不会因伤害或杀害他人而感到自责。当一个人意识到自己的行为会给他人带来伤害时，他就会受到良心的谴责，他的道德感会监视他的所作所为，因此他会有意识地控制自己的言行，避免给他人带来伤害。但沃特斯不会。对于连环杀手来说，他或许还有一部分人性，拥有部分道德感，能体会到内疚的感觉，但这种感觉往往稍纵即逝，他们完全无法抑制自己想要虐杀人的强烈冲动。

　　破碎的道德感让沃特斯无法体验和理解他人的情感，因此他在袭击、杀害被害人的时候无法感受到被害人的痛苦。他不会觉得自己的暴力行为是错误的，在他看来自己只是在通过暴力的方式来满足自己的欲望。

Criminal Psychology

大脑中居住着一个恶魔——

BTK 杀手

1974 年 1 月 15 日，美国堪萨斯州威奇托市的警方接到报警电话，郊区北艾支姆尔大街 803 号发生了灭门惨案，奥特罗一家四口被人杀害。报警者是奥特罗一家的邻居，他在听到奥特罗家长子查理的尖叫声后立刻赶到案发现场，一边安慰惊恐不已的查理，一边用奥特罗家的电话报警，但是他发现电话线已经被切断了，于是只好回到自己的家中报警。

查理 15 岁，案发的时候他正在学校，因此才幸免于难。查理在放学后像往常一样迈着欢快的步伐回家，当他打开家门后，立刻被家里诡异的安静吓坏了，不仅没有人搭理查理，就连狗叫声也没有。当查理跑到父母的卧室后，就看到了一幕恐怖的景象，他一生都无法忘记。

警方赶到案发现场后，首先在卧室发现了奥特罗夫妇的尸体。男主人的手腕和脚腕都被捆绑起来，脸部朝着地面趴在角落里。女主人也被人用类似的方式捆绑起来，仰面躺在床上，嘴里塞着一些东西。

在奥特罗家的地下室和另一间卧室里，警方发现了查理的妹妹和弟弟的尸体。在楼下的地下室内的水管上吊着一名少女，她就是查理的妹妹约瑟芬，约瑟芬的身上只穿着一件 T 恤衫和短袜，下身赤裸着，嘴里塞着东西。距离约瑟芬尸体不远处，警方发现了精液，警方推断这应该是凶手留下的，但约瑟芬并未遭到性侵，凶手可能在对着约瑟芬自慰后留下了精液。在另一间卧室里，有一具儿童的尸体，他的手腕和脚腕被捆住，脸朝地面趴在角落里，头部被套在一个袋子里。这名被害人是查理的弟弟，只有 9 岁。

在之后的搜查工作中，警方发现奥特罗家里只丢失了一块手表，手表的主人是约瑟芬。女主人的钱包被凶手打开，里面装着的东西都被倒了出来。警方并未在案发现场发现抢劫和打斗的痕迹，凶手也没有破门而入。缠绕在被害人脖子上和绑着被害人的绳子是从百叶窗上剪下来的，由于被害人家中没有这样的绳子，警方推断百叶窗绳一定是凶手带来的，凶手还可能携带着刀子和手枪等武器。

奥特罗谋杀案调查了很长时间还是一无所获，就在警方准备放弃的时候，突然接到了《维奇塔鹰报》编辑堂·格林治尔先生的报警电话，他说自己收到了"奥特罗谋杀案"凶手的一封信。不久之前，格林治尔接到了一个匿名电话。匿名者说自己就是"奥特罗谋杀案"的凶手，他在公共图书馆的一本机械工程学教科书里藏了一封信，信里写着许多"奥特罗谋杀案"中不为人知的细节。格林治尔十分好奇，就去了公共图书馆，他找到了那封信。在信的末尾，凶手表示："我无法停止自己杀人的行为，魔鬼会继续为所欲为，它对我的伤害和这个社会对我的伤害一样，不过我是个能解救自己的人。现在，我每天都在梦想着一些人正在被我折磨。"凶手似乎在暗示，他在寻找下一个目标，会有新的无辜者被杀害。

警方在研究了这封信后，立刻确认写信者就是凶手，因为信中提到约瑟芬在被杀害时，先被勒住了脖子，然后被吊到水管上，看着不停挣扎的约瑟芬，凶手开始自慰。不过单凭这封信，警方无法锁定嫌疑人。

1974 年到 1978 年，威奇托市又出现了 3 起与"奥特罗谋杀案"相似的命案，被害人都是被凶手勒死，手腕脚腕被捆绑住。警方还在其中一个案发现场发现了精液，但被害人并未遭到性侵。

1978 年 1 月 31 日，《维奇塔鹰报》又接到了凶手的一封信，凶手突发奇想地为一名被害人写了一首诗。这封信阴差阳错地被送到了《维奇塔鹰报》的广告部，因此并未立刻被重视起来。

十多天后，当地一家电台收到了凶手的信件。凶手可能是个渴望引起公众关注的人，他在写信给《维奇塔鹰报》后就一直在密切关注该报的反应，但他等了十多天都毫无音讯，于是就开始转向电台。在信中，凶手提到了自己杀人时的感受，他杀人时觉得兴奋异常，他已经杀了7个人，将来还会杀死更多的人。最后凶手表示："我觉得你们可以给我起个外号，比如 BTK 绞杀手、诗人扼颈魔等。"在信件的署名处，凶手留下了"BTK"几个字母。BTK 是 Bind、Torture、Kill 的缩写，意思是"捆绑、折磨、杀戮"。如凶手所愿，他从此之后便有了"BTK 杀手"的名头。

BTK 杀手是一个非常有计划性的连环杀手，每次作案前会选定一个目标，然后再潜伏到目标人物住所附近了解情况。在作案之前，BTK 杀手为防止目标人物报警，会提前把电话线给切断。

1979 年，BTK 杀手遇到了第一次失败。BTK 杀手在选择了一个名叫安娜的老太太作为目标人物后，就按照既定计划潜入安娜的住所中，等待安娜归来。BTK 杀手等了很长时间都没等来安娜，安娜外出办事没有回家。随着时间的流逝，BTK 杀手越来越不耐烦，最后气冲冲地离开了。

不久之后，当地媒体收到了 BTK 杀手的最后一封信。信中 BTK 杀手对自己的犯罪动机进行了剖析："我的大脑中居住着一个恶魔，在恶魔的指示下我会去寻找被害人。被害人对我来说只是个陌生人，我根本不知道他的身份，只有在警方发现被害人后刊登到报纸上，我才会知道被害人的身份。我自己无法阻止脑中恶魔的驱使，或许只有在警察的帮助下，我才不会再受到脑中恶魔的影响。"

从此之后，BTK 杀手就消失了，好像人间蒸发了一样，再也没有出现在公众的视野中，直到后来他被警方抓住。但在威奇托市，BTK 杀手所带来的恐怖阴影却一直没有消散。威奇托市的居民们每天回家之后都会先去检查电话线，如果电话线被切断了，那就意味着 BTK 杀手给自己下了死亡通知书。许多女性每天下班后都不敢在街上逗留，会匆忙赶回家中，把所有的门窗都锁好。夜晚时分的威奇托市好像一座寂静的鬼城一般，没有人敢出来散步。

在抓捕 BTK 杀手的时候，警方显得十分无能，警方所能做的只有到处宣传安全防范知识，例如一定不要给陌生人开门。安全防卫系统成了威奇托市的爆款，每家的必需品。

BTK 杀手对于威奇托市的警方来说就是一个洗不掉的耻辱，让他们在公众面前抬不起头来，他们根本无法阻止 BTK 杀手继续作案。渐渐地，美国政府开始重视起 BTK 连环杀人案来，派出了大量的警力，就连联邦调查局也加入破案的队伍中。1983 年，一个专门针对 BTK 杀手的破案小组成立了，与此同时，美国警方还发出了一道追缉令。破案小组在美国许多城市收集嫌疑人的血液和 DNA 样本，但还是没有抓住 BTK 杀手。

随着时间的推移，BTK 杀手再也没有作案，人们和警方开始从 BTK 杀手的阴影中走出来。有人怀疑 BTK 杀手很可能已经去世。警方则认为，BTK 杀手或许因为其他罪行被关进了监狱，无法再次作案。

沉寂了三十年之后，BTK 杀手再次出现在公众的视野中，他没有选择作案，而是给《威奇托鹰报》报社发了一封邮件。邮件中，BTK 杀手为了证明自己的身份，还附带了四张照片，其中三张是被害人尸体的照片，另外一张照片则是被害人的汽车牌照。

在之后的几个月内，BTK 杀手十分活跃，威奇托市的警方、媒体接连收到了 BTK 杀手的信件。为了验证信件的真伪，这些信件都被送到美国联邦调查局进行核查，最后核实信件的确是 BTK 杀手寄来的。

在一封信中，BTK 杀手说了一些自己的境况。他说自己出生于 1939 年，20 世纪 60 年代在军队服役。BTK 杀手还提到了自己的兴趣爱好，他十分喜爱火车，甚至到了痴迷的地步，不惜搬到铁轨附近居住。BTK 杀手的第一份工作是电子机械师，他有一个名叫苏珊的表亲在密苏里州居住，他和一个名叫彼得拉的女人关系很好，彼得拉的妹妹名叫蒂娜。对于 BTK 杀手为什么要寄信，警方和犯罪心理专家有着不同的看法。警方认为 BTK 杀手是在挑衅警方的权威。而犯罪心理专家则认为 BTK 杀手是为了成名，他只是想吸引公众的注意而已。

BTK 杀手还会给警方寄一些他自己创作的诗歌，例如《南希之死》这首诗歌就是专门描写被 BTK 杀手杀害的南希的。BTK 杀手对文学十分感兴趣，尤其喜欢诗歌。警方专门研究过 BTK 杀手创作的诗歌，并根据他的创作风格锁定了一位教授。但这位教授已经在几年前去世了，根本无作案的可能。

美国一家广播公司在收到 BTK 杀手的来信后，立刻联系了警方。信上的内容是 BTK 杀手拟定的自传目录，不仅有章节还有小标题，他还想好了自传的名字，即《BTK 杀手的故事》。在信件的结尾处，BTK 杀手写道："这样的事情还会发生吗？"

警方认为 BTK 杀手想为自己写一本自传，自传的结局就是他被警方抓住。警方通过分析认为 BTK 杀手十分渴望成名，尽管是臭名昭著他也十分情愿。于是警方准备利用 BTK 杀手的这种心理将他揪出来。警方负责人在媒体上公开表示自己愿意和 BTK 杀手交流。

BTK 杀手果然上钩了，他从 2004 年起就一直与警方保持着联系。由于联系得越来越频繁，BTK 杀手开始暴露出更多和自己切身相关的信息，这些对警方来说都是十分有价值的线索。

有一次，BTK 杀手问了警方一个问题："警察是否能通过电脑软盘追踪到使用者的具体情况和地址？"显然，BTK 杀手想通过电脑软盘来与警方沟通和联系。这对警方来说是个十分难得的机会，于是警方告诉 BTK 杀手，警察还不具备根据电脑软盘进行追踪的技术。BTK 杀手显然相信了警方的说法，在之后寄出的一封信中，就有了一个软盘。很快警方就通过软盘找到了一个重大嫌疑人，他名叫丹尼斯·雷德。

在抓捕雷德的过程中，雷德的女儿起到了十分关键的作用。2005 年，某新闻网公布了一条爆炸性的消息，一名女性怀疑自己的父亲就是被警方追捕了 30 多年的 BTK 杀手。警方很快与这名女性取得了联系，她就是雷德的女儿。在征得这位女士同意的情况下，警方取得了她的 DNA 样本，之后拿她的 DNA 与多起凶杀案现场所留下的 DNA 样本进行比对，比对结果显示，两者十分相似。

申请到逮捕令后，警方在 2 月 26 日这天潜伏在雷德的住所附近，等待雷德出现，最后雷德在公路上被捕。

确认雷德就是 BTK 杀手后，警方在第一时间召开了新闻发布会，公开宣布已经将 BTK 杀手抓捕归案。虽说抓住 BTK 杀手让警方终于扬眉吐气了，但 BTK 杀手会被警方抓住的根本原因在于他自己。如果雷德不主动与警方频繁联系，而是在作案之后选择永远消失，那么 BTK 杀手很可能会成为一个永远无法解开的谜题。

在接受审判的时候，年近 60 的雷德穿着米色西装、打着深色领带、戴着眼镜出现在了法庭上。雷德表现得十分镇定，他爽快地承认自己就是 BTK 杀手，并告诉法官，他愿意主动放弃选择陪审团的权利。

　　在雷德被捕之前，BTK就是变态杀人狂的代名词。自从他被确认是BTK杀手后，他就成了公众心目中的变态杀人狂。让所有人都想不到的是，在真面目被揭穿之前，雷德只是一个普通的中产阶级，有一个幸福美满的家庭，周围人怎么也想不到雷德就是BTK杀手。

　　雷德出生于一个正常的普通家庭。大学没毕业就报名参军，在美国空军担任机械师。雷德在军队里待了4年，先后到过希腊、土耳其、韩国和日本等国家。结束服役后，雷德回到了家乡，进入大学继续自己的学业。

　　雷德的学士学位用了10年的时间才拿到。这10年雷德并未将全部的心思都用在学业上，他一边上学，一边工作、结婚和生子，与此同时还扮演着BTK杀手的角色。

　　1971年，雷德与一名德裔美国人结婚了，婚后两人育有一对儿女。雷德与妻子的感情不错，常常待在一起。雷德总是利用闲暇时间到教堂去，与教堂里的一位牧师关系不错，总会带一些意大利酱和沙拉给他。

　　1974年，雷德成了一家家庭保安公司的员工，主要工作是给客户家中安装监控系统。雷德在这家公司里工作了十多年，他一边为客户安装监控系统，一边杀人。由于 BTK 杀手的存在，人们很担心自己的人身安全，会主动花钱给家里安装监控系统，监控系统成了每个家庭必不可少的东西。因此，雷德所在的公司业绩开始蒸蒸日上。

后来，雷德换了一份工作，开始做起了人口普查，还成了外勤业务主管。凡是和雷德有过接触的人，都觉得雷德是个热心肠，会积极参与社区的教堂事务，还主动提出义务担任童子军队长，在对待孩子时十分耐心，例如他会耐心地教孩子如何打绳结。

一年后，雷德在动物监管中心找到了一份工作。当地人很喜欢雷德，因为雷德不仅热情，还能做到严于律己。所以当地人得知雷德就是 BTK 杀手时，都不敢相信这是事实。

据雷德的交代，"奥特罗谋杀案"是他第一次杀人。雷德在决定动手之前，先切断了奥特罗家的电话线，然后他以讨要食物为由敲了敲门，奥特罗夫妇只觉得雷德是个普通的路人，于是就打开了门。所以警方在案发现场没有发现破门而入和打斗的痕迹。在杀死奥特罗夫妇后，雷德发现家里还有两个孩子，于是顺便杀死了奥特罗夫妇的一双儿女。

雷德表示他在作案之前一般会制订多个方案，主要分为三个步骤，即"钓鱼""猎捕"和"杀死"。在选定了一个目标人物并准备开始行动时，雷德会选择其中一个方案执行，如果失败了，就会换另一个方案。雷德每次杀人时都会带着一个公文包，公文包里装着绳索和其他作案工具。

在雷德被捕之前的 1994 年，堪萨斯州就恢复了死刑。法官考虑到雷德所犯下的谋杀案都是在 1994 年之前，认为雷德只需要对 1994 年之前的谋杀案负责，于是就没有判处雷德死刑，而是判处了他 10 个终身监禁。

【自控力与杀戮】

雷德是个残忍的连环杀手，同时也是个外表和善的中产阶级。或许正是因为雷德有合法公民的一面，才导致他一直逍遥法外。警方在追踪案件嫌疑人的时候，通常会着重调查一些没有稳定工作或是留有案底的人，在警方看来合法公民没有作案动机。

大多数连环杀手通常都处在社会的边缘，他们没有稳定的工作、人际关系，而且都是单身状态。但雷德显然是个不同寻常的连环杀手，他有稳定的工作、幸福美满的家庭，社交能力也不错。

连环杀手之所以被称为连环杀手，是因为他们会不停地杀人，而且通常是找陌生人下手。对于连环杀手来说，杀人会使他们获得一种心理上的满足感，这种满足感会让他们暂时回归到正常的生活之中。当满足感随着时间流逝渐渐消失后，连环杀手会变得焦躁不安起来，重新产生强烈的杀人冲动。对于连环杀手来说，杀人以及杀人的幻想会令他们十分兴奋。

雷德显然也是如此。但是雷德与大多数连环杀手不同的是，他不会对杀人上瘾。所以雷德频繁作案后突然消失了，在长达30年的时间内，雷德都没有再杀人。在这30年内，雷德不再是BTK杀手，而是成了一个和善的普通人，与他一起生活的妻子从未发现雷德的反常行为。

在沉寂了30年之后，雷德主动出现在了公众视线内，并且频繁与警方进行联系。对于雷德的这种反常行为，警方认为雷德是希望BTK杀手可以显得更真实一些，或者雷德希望警察能抓住自己。一位犯罪心理学的教授认为，如果雷德不及时被捕，很可能会继续作案杀人。

史蒂夫·艾格是一个专门研究连环杀手的犯罪心理学教授，他对雷德这样的连环杀手十分感兴趣。艾格认为雷德是个自控力很强的连环杀手，有两种截然不同的面目。在妻子儿女面前，雷德是个正常人；但面对被害人时，雷德会将对方看成自己的猎物，而他则是一个残忍的屠杀者。

许多人都无法理解雷德这种连环杀手。对此，连环杀手小说的作者杰克·立文给出了一个合理的解释。在立文看来，这种自控力很强的连环杀手的心理与在死亡集中营工作的纳粹医生一样，工作时冷酷无情，回到家后就会变成正常人，可以和自己的孩子玩耍嬉戏，可以和朋友家人谈笑风生。雷德在杀人时是个变态杀人狂，但回到了家里，他就是好丈夫和一个负责的父亲。

当连环杀手拥有了很强的自控力时，那将会十分恐怖。一旦杀戮与自控力结合在一起，那么警方就会束手无策。雷德会在杀人之前制订一个计划，他不仅会计划杀人过程，就连逃跑路线也会制订好，所以雷德从未失手过。雷德的自控能力不仅能让他具有一定的反侦查能力，避免在案发现场给警方留下有价值的线索，还能让他像正常人一样生活。对于雷德来说，和善的中产阶级这一身份为他提供了保护，避免警方将其列为嫌疑人。

Criminal Psychology

上学路上的冒牌警察——

戴维·保罗·布朗

1975 年 3 月，马萨诸塞州的伍斯特警方接到报警电话，一位市民看到一个可疑的警察开着一辆民用汽车，还带走了一个小孩，该市民觉得一定事有蹊跷，于是就打电话报警。警方接到报警电话后，立刻开始追踪这辆可疑的汽车。

当警方找到汽车的时候，立刻上前打开车门，结果在汽车的后座上看到了一个浑身是血的男孩和一个年轻男人。当时，年轻男子正准备用安全带将男孩勒死。如果不是警察及时赶到，男孩一定会被杀害。

该男子名叫戴维·保罗·布朗，18 岁，已经成年了。被害人名叫理查德·欧康纳，年仅 8 岁。在被绑架的当天，理查德在上学的路上遇到了一名自称是警察的男子，他就是布朗，当时布朗身着一身拼凑来的警服，警服上挂着的警徽和手枪都是假的，他故意伪装成警察，来到学校附近寻找合适的对象下手。

布朗看到理查德后，就上前对理查德说，自己是一名警察，正在调查一起刑事案件，希望理查德能协助他的工作。理查德相信了布朗，就跟着布朗上车了。布朗将车开到偏僻的地方后，就卸下了警察的伪装，残忍地对理查德实施了性侵。就在布朗准备杀死理查德的时候，警察突然出现了。理查德的性命虽然保住了，但由于受伤较重，在医院里休养了 4 天才出院。

这不是布朗第一次犯罪，他在 13 岁那年，就曾因试图诱拐、性侵一名 6 岁的男孩而被警察注意。但布朗并未被追究刑事责任，因为他的年纪很小。之后的几年内，布朗住所附近曾出现过 3 起性侵、性侵未遂的案件，被害人都是未成年人，这 3 起案件由于证据不足一直没能破获，不过警方一直怀疑布朗就是作案者，只是苦于没有证据起诉布朗。

这一次，布朗将面临性侵未成年人、谋杀未遂、冒充警察绑架儿童这 3 项罪名。这 3 项罪名都十分严重，布朗将会受到非常严厉的惩罚。

案发几个月后的一天，理查德随同父母一起到一家餐厅吃饭。吃饭的时候，他们发现服务员正是布朗这个恶魔。他们以为布朗越狱了，就给警察打电话。这时，他们才得知布朗只被判了两年监禁，而且缓刑一年。法庭认定布朗所犯下的罪行，但考虑到布朗刚刚成年不久，又没有留下犯罪记录，认错态度也很诚恳，于是就决定给布朗一个改过自新的机会。接下来所发生的事情证明，这是一个错误的决定。

1977 年 9 月 24 日，马萨诸塞州沙布瑞尔的一个居民在路边遇到了一个伤痕累累的男孩，他向路人求助，希望路人能帮他报警。男孩告诉警方，他和同学在上学路上遇到了一名 FBI 探员，他说自己正在执行秘密任务，希望他们能协助自己的工作。男孩和同学一听能帮助 FBI 探员抓捕坏人，立刻兴奋起来，就跟着男子上车了。男子将车开到了僻静之处后，就像突然变了一个人一样，他将男孩的同学用手铐铐住，锁在车里，然后带着男孩下了车。当男孩意识到男子准备对自己图谋不轨的时候，激烈地反抗起来。男孩的反抗似乎把男子激怒了，男子狠狠地踹在男孩的胸口，他用力十分凶猛，甚至能听到肋骨骨折的声音。男孩当场就晕了过去。当男孩醒来后发现男子和自己的同学都不见了，于是他开始求助。

根据男孩所提供的线索，警方立刻找到了这名犯罪嫌疑人，他就是布朗。在案发时，他假扮成 FBI 探员骗走了两名男孩。当一名男孩被他一脚踹晕后，他就带着另一个男孩走了。这名男孩随后遭到了性侵，但并无大碍。

在庭审的时候，法庭考虑到布朗曾经有过十分严重的前科，于是决定严厉地惩罚布朗，最终布朗因谋杀未遂、绑架未成年人、猥亵儿童等罪名被判处18 年监禁。不过法庭考虑到布朗的精神有问题，于是就把他送到了精神病医院里。

1984 年，布朗宣布改名为纳撒尼·约拿·甘，因为他是一个犹太人。

1990 年，布朗获得了自由，此时他已经在精神病医院里待了 13 年。马萨诸塞州高等法院的沃尔特·斯蒂尔法官认为，法庭在裁决的时候应该遵守医学鉴定的结论，也就是说如果不能证明布朗会对社会产生威胁，那么就应该将布朗从精神病医院里释放出来。

这项裁定立刻遭到了布朗的主治医师安·吉拉斯比的强烈反对，在吉拉斯比看来布朗有十分严重的反社会倾向，而且还具有恋童癖和食人魔、虐待的倾向，如果让布朗获得自由，那么势必会有更多儿童遭殃。但吉拉斯比医生的警告并未引起法官的重视。

1991 年 8 月 9 日，一名路过的警察遇到了一件奇怪的事情。一名 7 岁的男孩坐在车里的后座上，突然车门被一名身材很胖的男子拉开，男子扑到男孩的身上，将男孩压在身下，男孩害怕极了，就哭了起来。男孩的母亲就在附近，听到孩子的哭喊声后立刻赶过去。一时间，汽车周围围了许多人，男孩的母亲在路人的帮助下将肥胖男子强行拉开。之后该男子就从现场逃走了，不过路过的警察还是认出了他，他就是布朗。很快，布朗再次被警方逮捕。

在庭审过程中，法官对布朗十分头疼，毕竟布朗此次所犯下的罪行显得太奇怪。布朗辩解说，当时自己只是想进车躲雨而已，并不是想袭击小男孩，只是他的动作太急躁了，所以让人们产生了误会。最终，布朗决定接受检方的认罪协议，即不再辩解，承认自己犯下了袭击儿童罪，并且立即离开马萨诸塞州。最终布朗被判处两年监禁、缓刑两年。

法院在做出缓刑的判决之后，就直接让布朗回家了。其实按照惯例，布朗应该被带到社会矫治部门办理假释/缓刑的监督手续。没有了这项手续，布朗就完全脱离了司法部门的监管。

离开马萨诸塞州后，布朗来到了蒙大拿州的大瀑布市。蒙大拿州与马萨诸塞州属于平行的司法区域，彼此之间没有司法协助机制。对于布朗来说，蒙大拿州是个可以让他随心所欲的地方，这里的司法部门根本不知道布朗过去所犯下的罪行，也不知道他是个需要被监管的危险人物，会给其他人，尤其是儿童带来危害。

1996年2月6日，10岁的扎克·拉姆齐没有上学。起初老师和家长以为拉姆齐只是逃学了，但到了晚上拉姆齐还没回家，他的父母才觉得不对劲，然后立刻报了警。拉姆齐并没有逃学，而是在步行上学的路上突然失踪了。

警方从两名目击者那里了解到，在拉姆齐失踪的当天早晨7:45左右，拉姆齐被一名男子带走，那名男子有一辆白色汽车。另一名目击者说，在当天早晨7:15左右，一名体格肥胖的男子在拉姆齐失踪的街上一直游荡着。很快，警方就锁定了嫌疑人，他就是布朗。很巧的是，布朗的母亲名下恰好有一辆白色汽车，这与目击者所提供的证词相吻合。不过，这些证据根本不足以逮捕布朗。

1999年12月13日，两名警察在林肯小学附近抓到了一名假警察。当时两名警察只是路过而已，当他们看到一个身着警服的男子在学校门口溜达时，立刻觉得不对劲儿，于是就扣押了这名男子。当两名警察看到男子的警徽后，马上确认这就是一个假警察，警察还在男子的身上搜到了电击枪和一支玩具手枪。

很快该男子的身份得到确定，他就是布朗。布朗被捕后不久，警方就申请到了搜查令。在布朗的住所警方发现了一张可疑的名单，上面写着几个男孩的名字，最后一个男孩正是3年前在上学路上失踪的拉姆齐，在拉姆齐的名字旁边还标着一个词：死了。显然，拉姆齐的失踪与布朗密切相关，布朗很可能绑架并杀害了拉姆齐。但由于拉姆齐活不见人死不见尸，警方只能认定布朗有重大作案嫌疑。

在随后更为仔细的搜查工作中，警方发现了更多可疑的东西。

在布朗的厨房里有一台绞肉机，警方在里面找到了一些毛发。这些毛发被送去进行DNA鉴定后得出了一个令人毛骨悚然的结论——这些毛发属于人类，不过并不是拉姆齐的，是一个非洲裔的男童的。为什么绞肉机里会出现人类的毛发，这很不正常。

在布朗脏乱不堪的车库里，警方找到了一些骨骼碎片。这些骨骼碎片由于经过了蒸煮，很多都无法提取出有用的DNA，只有少部分的骨骼碎片能提取出DNA。DNA鉴定结果显示，这些骨骼碎片是人类的，而且都是一些男童。最关键的是，骨骼碎片不是拉姆齐的，也与绞肉机里的毛发不是同一个人。

警方还找到了一个笔记本，上面都是一些奇奇怪怪的符号，显然是某种密码。经鉴定，这些符号是布朗的笔记。除了奇怪的符号外，笔记本上还有日期和卡通插画。显然这是布朗所记的笔记，但笔记的内容是什么，还需要进一步的破译。

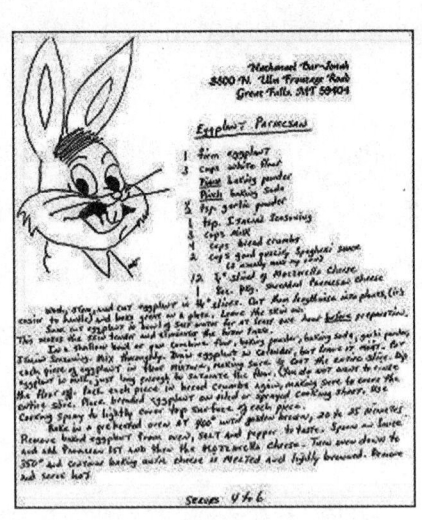

对于密码专家来说，布朗的密码十分简单，破译工作很快就完成了。破译出来的内容十分恐怖、血腥，是布朗所犯罪行的记录，他不仅杀害了许多男童，

还将被害男童的尸体作为食材，要么烧烤、要么油炸，他还会将男童尸体做成派，这个笔记简直就是一道用尸体做食物的菜谱。

这种种可疑的线索都可以证明，拉姆齐很可能已经被布朗杀害了。只是没有证物可以证明布朗就是凶手。在布朗被捕的消息传开后，一名女子指证，布朗曾假扮警察绑架她 5 岁的儿子，一名男子指证自己曾被布朗性侵。最终检方以这两起案件起诉了布朗。

庭审中，警方所提供的证物给法官和陪审团留下了深刻的印象，尽管那本恐怖的笔记无法证明布朗的罪行，但那些毛发和骨骼碎片却是铁一般的证物。最终布朗被裁定犯有谋杀、绑架、性侵等罪名，被判处 130 年监禁。在整个庭审过程中，布朗的态度一直很坚决，他认为自己是清白无辜的，但他又无法针对骨骼碎片和毛发给出一个合理的解释。

2008 年 4 月 13 日，布朗因心脏病突发死在了监狱中。这样一来，拉姆齐的下落就永远成谜了。人们永远无法得知布朗到底杀死了多少个男童，也无法得知布朗的笔记是否属实。这些都随着布朗的意外去世变成了永久的谜。

【人格异常】

布朗所犯下的罪行骇人听闻，人们往往会认为像布朗这样的罪犯一定会有十分严重的精神问题。在布朗最初绑架、性侵一些男孩的时候，法官也认为他的精神有问题，所以才会把他送到精神病医院去服刑。显然，布朗的人格不同于常人，他的人格是异常的。研究表明，人格异常与暴力犯罪之间存在一定的联系。

人格异常者不论在心理、人际和神经生理方面都与常人不同。与正常人相比，人格异常者更无道德感，他们不会产生愧疚和共情，会为了达到自己的目的而为所欲为。

根据人格异常者的类型划分，布朗显然属于原发型人格异常者。所谓原发型人格异常者，是指他们从很小的时候就表现出不同于常人的特点，而且具有反社会倾向。布朗在 7 岁的时候就曾犯下过十分严重的罪行。

那个时候，布朗对邻居家与自己同龄的小女孩说，他有一台神奇的机器，可以看到未来的自己。小女孩一听立刻来了兴趣，就跟着布朗来到了他家的地下室。这时，布朗撕掉了伪善的面具，用手狠狠地掐住了小女孩的脖子。小女孩害怕极了，开始拼命挣扎并呼救。小女孩的母亲听到女儿的呼救声后立刻赶到地下室，这才救下了小女孩。幸好当时布朗只有 7 岁，力气有限，不然小女孩很可能会被他杀死。从此之后，再也没有孩子愿意和布朗玩，人们都知道这里住着一个小恶魔布朗。

人格异常者只会考虑自己的需求，会给人一种非常自私的感觉。当然，人格异常者并不一定会实施暴力犯罪。如果一名人格异常者所追求的是财富、社会地位，那么他极有可能会成为一名成功人士，他会为了实现自己的目标而不择手段，虽然他难以与他人产生情感上的交流，却会伪装自己。当然像布朗这样的人格异常者所追求的是通过性侵、折磨、杀害男孩来满足自己的欲望，因此他成了一个骇人听闻的精神变态罪犯。

当一个人格异常者实施犯罪的时候，他常常会犯下十分严重的罪行。比如在杀人这种严重的罪行上，与普通杀人犯相比，人格异常者在杀人的时候往往会更加冷血和残酷，被害人会遭受虐待，因为人格异常者能从中获得快感。普通杀人犯的犯罪动机一般是复仇，或者是激情杀人，被害人与他们或多或少都会有些联系。而人格异常者常常找陌生人下手，他的目的只是满足自己变态的欲望，至于被害人是谁并不重要。

Criminal Psychology

衣柜里的人类骨骼——

迈克尔·伍德曼斯

1975 年 5 月 18 日，美国罗得岛的南王城警方接到佛曼夫妇的报警电话，他们 5 岁的儿子乔森·佛曼失踪了。

乔伊斯女士告诉警方，这天是自己 37 岁的生日，恰逢周末，于是她一早就开始做准备，乔森则在屋外与小朋友们玩耍。

下午 3 点半左右，乔森与小伙伴们告别，他要回家了。就在乔森回家的路上，他突然失踪了，从此乔伊斯再也没有见过自己的儿子。

警方从乔森的小伙伴那里了解到，乔森在与他们告别之后，就跑向了山下的一个消防站，他的家就在那附近，所以他们并没有在意，只是以为乔森回家了。附近的居民都没有发现异常的情况，周围也没有出现过陌生人。

由于没有任何线索，乔森失踪的案子就渐渐被搁置起来，这个孩子就这么突然消失了，活不见人死不见尸。直到 7 年之后，一起袭击案的发生牵扯出了乔森失踪案。

1982 年 4 月，两名男子发生了冲突，其中一名男子将另一名男子打伤，导致其耳膜穿孔。后来警方接到了报警电话，奇怪的是，报警的是打人者，受害者倒没有报警。受害者名叫迈克尔·伍德曼斯，打人者是一名父亲，他殴打对方和报警，只是为了给儿子谢尔曼讨回一个公道。

谢尔曼是个报童，经常在南王城的大街上卖报纸。不久之前，谢尔曼认识了伍德曼斯，并接受伍德曼斯的邀请，到他家中去玩。在伍德曼斯的家中，谢尔曼喝了不少酒，他还没有成年，平常很少有机会喝酒，因此他很快就喝醉了。伍德曼斯看到谢尔曼有了醉意，就拿出绳子，用力地勒住谢尔曼的脖子。谢尔曼一下子就清醒了，他奋力反抗，终于成功从伍德曼斯的家中逃了出来。

回家之后，谢尔曼回想起这段恐怖的经历，觉得很害怕，就告诉了父亲。谢尔曼的父亲一听，十分愤怒，就跑到伍德曼斯的家中找他算账。

警方了解了整个事件的来龙去脉后，立刻意识到了事情的严重性，便将伍德曼斯带回警察局审讯。

在整个审讯过程中，伍德曼斯表现得十分镇定，他解释说，自己当时并没想真正杀死谢尔曼，只是一时冲动而已。不过，伍德曼斯的这种解释显然无法说服审讯的警察。

在之后的深入调查中，警方发现了一个诡异的巧合，即伍德曼斯恰好是乔森的邻居，伍德曼斯就住在佛曼家的隔壁，乔森也正是在回家路上失踪的。警方怀疑，乔森的失踪与伍德曼斯脱离不了关系，于是在之后的审讯工作中，开始有意识地将话题引到乔森失踪案上。终于伍德曼斯松口了，他承认乔森的失踪与自己有关。此外伍德曼斯还提到了一个日记本，他说日记本上所记录的内容看起来很吓人，但全都是假的，是他无聊时瞎编的。

警方在搜查伍德曼斯住所的时候果然发现了一个日记本，里面所记载的内容的确十分恐怖。当然，这本日记并不能作为证物，毕竟伍德曼斯完全可以说日记本里的内容全都是虚构的。

除了日记本外，警方还找到几项非常有价值的证物，即部分人体骨骼，这些骨骼就藏在伍德曼斯的衣柜里，除了一个完整的人类头骨外，还有一节脊椎、一根肋骨和前臂、小腿上的骨骼。这些骨骼不仅被人为地清洗过，还被刷上了一层清漆。

鉴定结果显示，这些骨骼的确全部属于人类，而且属于幼童，年龄大概在五六岁。当年乔森失踪的时候恰恰 5 岁，这不仅仅是个巧合，乔森极有可能是被伍德曼斯杀害了。

在警方的追问下，伍德曼斯承认自己杀死了乔森。在案发的当天，伍德曼斯在乔森回家的路上拦住了他，然后将乔森诱拐到自己的住所并将其捅死。为了逃避法律的制裁，伍德曼斯开始肢解乔森的尸体，他认为只要乔森的尸体不被发现，他就不会被怀疑。

警方虽然相信伍德曼斯所交代的作案过程，却对伍德曼斯的作案动机提出了疑问。伍德曼斯为什么要杀死乔森？他与佛曼家并无瓜葛。其次，如果真如伍德曼斯所交代的那样，他分尸灭迹是为了逃避法律的制裁，那么为什么还要将部分骨骼留在自己家中，还给骨骼上了清漆？或许答案就在伍德曼斯的那本日记里。

根据伍德曼斯在日记中的记载，他肢解乔森的尸体并非为了毁尸灭迹，而是为了满足自己变态的欲望，他将乔森的尸体肢解后，放到锅里煮熟并吃掉。

有了乔森尸骨的证据，再加上他亲笔写下的日记，显然伍德曼斯杀害乔森的罪名已经坐实了，但在量刑上却存在很大的争议。伍德曼斯杀死乔森的时候只有 16 岁，还是个未成年人，按照法律规定不应该受到严惩，而且当时罗得岛已经废除死刑。

检方不想让日记本恐怖的内容公开，于是就向伍德曼斯开出了一个条件，伍德曼斯承认所犯下的罪行，让日记里的秘密得以保留，伍德曼斯会被判处二级谋杀罪，检方不会寻求限制减刑。于是，伍德曼斯被判处了 40 年监禁。

　　这项判决在当地引起了很大的轰动，人们对这项判决十分不满，尤其是乔森的家人。他们非常愤慨，在接受电台采访的时候表示，乔森生前一定遭受了那个恶魔的虐待，而且那个恶魔还吃掉了乔森的一部分尸体，对于如此残暴的恶魔，他们是永远不会原谅他的，佛曼一家与伍德曼斯之间永远存在着不共戴天之仇。乔森的父亲约翰·佛曼在面对电台采访时毫不避讳地说，如果伍德曼斯真的被放了出来，他会亲手杀死他！

　　对于伍德曼斯杀害乔森的具体细节，法庭和检方都未公开表态，没有人知道伍德曼斯是否真的吃掉了乔森的部分尸体，那个记载着伍德曼斯杀人过程的日记本也被法庭裁定永久封存。在法庭和检方看来，对日记本内容的保密是对被害人家属的最大尊重，可以避免给被害人家属造成二次伤害。

　　由于民愤太大，伍德曼斯没有在罗得岛服刑，而是被秘密押送到马萨诸塞州的一座监狱服刑。

　　2011年9月11日，伍德曼斯刑满释放。根据罗得岛的一项法案，一些被判处监禁的重刑犯，只要他在狱中表现良好，就可以获得减刑的奖励。伍德曼斯在入狱之后表现非常好，因此在服刑 28 年之后，将被刑满释放。

由于许多人都很关注伍德曼斯，如果伍德曼斯真的被释放了，那么民愤将难以平息，而且伍德曼斯很有可能会被人谋杀。于是法庭出面进行调解，最终双方达成一项共识，伍德曼斯可以如期出狱，但不能步入社会，要去精神病医院接受治疗。此外，法庭还规定，伍德曼斯想要重新步入社会，必须得向法庭申请结束治疗，然后接受精神鉴定，只有鉴定合格之后，才能离开精神病院。于是伍德曼斯被送往罗得岛州立精神病医院接受治疗，至今尚未出院。

【从易到难的犯罪目标】

虽然伍德曼斯只杀死了一名儿童，但他所犯下的这起杀人案性质极其恶劣。伍德曼斯与佛曼夫妇之间并无仇恨，他杀死乔森的目的只有一个，他有杀人的冲动和欲望。而且从伍德曼斯处理乔森尸体以及将乔森的部分骨骼洗净并刷上清漆等种种变态行为上，可以看出伍德曼斯有着异于常人的嗜好。正是这种嗜好让伍德曼斯再次对谢尔曼下手，幸运的是他并未得手。

伍德曼斯在杀死乔森的时候只有 16 岁，所以他只能选择一个易于下手的人来满足自己的杀人欲望，于是年仅 5 岁的乔森成了他的目标。

像伍德曼斯这样的杀人犯，他在选择目标的时候通常会有一个特点，即目标容易被自己控制。于是，儿童、女性或独居的老人往往会成为变态杀人犯的最佳目标。

伍德曼斯在选择第二个目标人物的时候，选择了一个少年。谢尔曼虽然没有成年，但他与乔森不同，具有一定的反抗能力，可以挣脱伍德曼斯的控制。

对于伍德曼斯来说，杀死乔森是他第一次作案，而且是一次完美的作案，他完全没有被警方怀疑。所以伍德曼斯在选择第二个目标人物的时候会更大胆些，因为他从第一次成功作案中获得了自信，所以开始选择看起来更具有挑战性的目标。

如果谢尔曼没有成功挣脱伍德曼斯的控制，也就是说伍德曼斯第二次作案成功的话，那么他的信心将会倍增，将会有更多的人被害。许多连环杀手与伍德曼斯有着相同的心理，即第一次作案都会选择易于得手的目标。

伍德曼斯将乔森的骨骼留在了自己的衣柜里，他还将整个作案过程以日记的形式记录下来。他的这种行为背后到底是什么样的心理呢？对于伍德曼斯来说，刷过清漆的被害人骨骼就相当于他的战利品，他的日记可以帮助他重新体会杀人的兴奋感。

Criminal Psychology

不甘寂寞的杀手——

杰拉尔德·尤金·斯达诺

　　1980 年 2 月 17 日，代托纳比奇警局的警长保罗·克罗接到一起报案。报案者是两名学生，他们在喝醉酒的情况下在代托纳比奇机场附近一片荒凉的地方发现了一具已经腐烂的女性尸体。

　　克罗等警察赶到案发现场后，看到了这样的一幕：尸体仰躺着，手臂就放在身体的两边，头部向上仰起，整个姿势像是刻意被摆放的。克罗感觉，被害人很可能是被强奸后杀死的。后来，克罗注意到尸体上的衣物非常完整，上面还覆盖着一层树枝，看样子被害人不像是遭受过性侵。

　　尸检结果显示，由于尸体腐烂程度严重，法医无法断定精确的死亡时间，只能推测说被害人可能在两周前被害。被害人的后背、胸前和大腿有几处刺伤，这应该是凶手用刀反复刺向被害人留下的。

　　被害人的身份很快就被确定了，名叫玛丽·卡罗尔·马赫尔，20 岁，是个大学生。警方在调查了和玛丽关系密切的人后并未发现可疑人员，玛丽平日里为人友善，没有和人产生过冲突。

　　为了破案，克罗只好为嫌疑人进行犯罪心理侧写。侧写结果是，嫌疑人很可能是个连环杀手，从作案手法上看，玛丽并不是第一个被害人，也不会是最后一个。嫌疑人是个白人男子，年龄在 30 岁到 40 岁，在代托纳比奇居住。嫌疑人在寻找猎物的时候，通常会开着一辆不起眼的汽车，要么找妓女，要么找搭便车的女子。嫌疑人应该是个脾气火爆且憎恨女性的人，在被女人拒绝时，会做出攻击性的行为，甚至杀死对方。

　　1980 年 3 月，一个名叫杰拉尔德·尤金·斯达诺的 28 岁年轻男子走进了克罗的视线，该案件因此取得了重大突破。3 月 25 日这天，警察吉姆·加德贝尔接手了一起袭击案，一名女子声称自己遭到了嫖客的袭击。

加德贝尔从女子那里了解到，在不久前的一个晚上，女子在路边招揽生意的时候，遇到了一个开着红色汽车的男子，男子示意她上车。上车后，女子开始和嫖客谈价钱，谈妥后女子跟着男子去了一家旅馆。

到了旅馆，女子提出让男子先付钱，但男子却要求先接受性服务。之后，两人开始争吵，直到男子突然掏出一把尖刀将女子的大腿划伤，这场争吵才结束。之后男子将女子强奸后就离开了。女子只能自己到医院缝合伤口，她腿上的伤口十分严重，缝了 27 针。

当加德贝尔让女子描述男子的相貌特征时，女子说该男子中等身高、微胖、戴着一副眼镜、留着胡子，她表示只要让她再看见该男子，一眼就能认出来。女子还说，她不久前看到过那辆红色汽车。

于是，女子带着加德贝尔来到了发现红色汽车的公寓楼前，结果那辆汽车

已经不见了，后来他们在不远处看到了一辆红色汽车，是1977年产的格雷姆林。加德贝尔记下车牌号后就回到了警察局。

很快红色汽车的主人就被查出来了，他就是斯达诺。此外加德贝尔还发现，斯达诺留有许多案底，同时还是几起袭击妓女案件的主要嫌疑人。加德贝尔将斯达诺的照片拿给受害女子，让她进行辨认，结果她一眼就认定斯达诺是袭击过她的人。后来，加德贝尔将斯达诺的情况告诉给了克罗，他觉得斯达诺与侧写内容十分相符。

几天后，斯达诺被带到警察局接受审问。在审讯室内，加德贝尔出面审问斯达诺，克罗则在玻璃后面观察斯达诺的反应。为了了解斯达诺在说谎和说实话时会出现什么样不同的肢体反应，克罗交代加德贝尔在开始审讯的时候，问一些警察已经知道答案的问题。

几个回合之后，克罗已经掌握了斯达诺的肢体语言，他发现当斯达诺说实话时，他身体的上半身会向前倾；说谎的时候，则会采取向后靠的回避态度。

当斯达诺承认自己曾袭击过一名妓女后，克罗拿着被害人玛丽的照片走进了审讯室。克罗在简单介绍了自己后，直接让斯达诺看玛丽的照片，并对他说，照片上的女孩消失了，警方怀疑斯达诺曾见过她。

盯着照片看了一会儿后，斯达诺说："是，我见过她。一个月前的一天，我曾在旅馆里看到过她。"克罗问道："你是否对她产生过不好的念头？"斯达诺向后靠了靠说："没有，我开车搭载了她一程，她在大西洋大街就下车离开了，之后我再也没有见过她。"克罗认定斯达诺在说谎，不过他并未拆穿，而是匆匆结束了这个话题："斯达诺，你看起来心情并不好。"斯达诺朝前倾了倾身体后说："是的，今天是个特殊的日子，我的养父母在这一天收养了我。"之后斯达诺开始滔滔不绝地讲起了自己的童年以及和养父母之间的关系。

克罗找准机会再次将话题引到了玛丽被害案上，这一次斯达诺的回答与上次完全不同，他说自己开车带着玛丽兜转了一会儿，其间还停车在一家超市买了啤酒。

克罗立刻抓住关键问道："你出去买啤酒的时候，玛丽就乖乖坐在车里等你回来？"斯达诺："是的。"克罗："你就没对她动过不好的念头？"斯达诺："是的。"克罗："其实你很想和她发生性关系，但是她拒绝了你，是不是？"斯达诺："当然不是！"克罗："她没有看上你，对不对？"斯达诺："不，她没有！"克罗："她拒绝的态度让你觉得难堪又愤怒，是不是？"斯达诺："我说了她没有！"克罗："然后你干了什么？你开始袭击她？你很愤怒不是吗？"斯达诺："是！我从座位底下拿出一把刀狠狠地用力刺向她！"克罗："接下来发生了什么，斯达诺？"斯达诺："我不停地刺向她的胸前，她想开门逃走，但被我刺伤了大腿。我关上了车门，她的身体开始向前倾斜，她的头抵在挡风玻璃上，血一直不停地流出来，溅到了车上，她将我的车弄脏了，我很生气，于是又朝着她的后背刺了几下！后来她一动不动了，于是我就开车带她去了……"

斯达诺的话被克罗打断了，克罗说："现在我开车，你带我去那个地方。"在斯达诺的指引下，克罗开车来到了案发现场，斯达诺准确地指出了抛尸地点。之后，斯达诺被克罗押回了警察局，最终在口供上签了字。

在克罗收拾卷宗时，加德贝尔对他说，斯达诺可能还需要对几起女性失踪案负责，例如1980年2月15日接到的26岁妓女托尼·凡·哈多克失踪案。

当加德贝尔将托尼的照片拿给斯达诺看的时候，斯达诺身体向后靠了靠说："我从来没有见过她。"显然，斯达诺在说谎，不过加德贝尔还是放过了他，因为所掌握的证据不够充分。

　　1980 年 4 月 15 日，霍利希尔的一个居民来到代托纳比奇警局报案，他在自家的园地里发现了一个人类的头骨。警方随即赶到那里，并展开了搜查，发现了更多的人类骨骼以及一些可疑的衣服碎片。

　　鉴定结果显示，这些残骸就是失踪的托尼，他生前头部曾遭受过严重的创伤。托尼在被人杀死后，随意地丢弃在野地里，这里有野生动物，野生动物将尸体吃掉，只留下了零散的骨头。

　　克罗怀疑斯达诺就是杀死托尼的凶手，于是就将他带到审讯室问话。这一次，克罗花费了很大的力气，才击破了斯达诺的心理防线，他承认自己杀死了托尼。

　　到目前为止，斯达诺的身上已经背负了两条人命，克罗觉得斯达诺是个连环杀手，他杀死的女性远远不止这两个。于是他开始翻查过去的悬案，他从中找出了几起与玛丽被害案十分相似的命案。

　　1975 年 7 月 22 日，有人在荒野发现了一具女尸，死者是 16 岁的琳达·汉密尔顿。警方在调查过程中，从目击者那里了解到，琳达曾在大西洋街附近出现过。1976 年 1 月，24 岁的南希·赫德的尸体在荒野被发现，她的尸体不仅被刻意摆放，还有树枝遮盖着。有目击证人表示，最后见到南希的时候是在大西洋街，当时她正在搭便车。1976 年 5 月，18 岁的拉蒙娜·尼尔的尸体在荒野被发现，尸体上同样有树枝遮盖。

　　据克罗了解，连环杀手存在一个冷却期，在杀人过后的一段时间内，都不会再杀人。但等冷却期过去后，连环杀手就会再次杀人，不少连环杀手都会不远百里寻找猎物。克罗怀疑斯达诺就是如此。

　　于是克罗扩大了调查范围，他发现代托纳比奇周边的城市也曾出现过类似的未破获的命案。布拉德福德是一个距离代托纳比奇一百英里的小镇，曾发生过一起女性被害案，被害人的尸体在沼泽地被发现，尸体上遮盖着树枝，最关键的是被害人生前最后一次露面是在代托纳比奇。此外，一个距离代托纳比奇五十英里的地方，也曾出现过相似的命案，被害人最后一刻曾在大西洋大街出现过，尸体上也盖有树枝。

克罗在调查斯达诺的档案时，发现斯达诺曾在 20 世纪 70 年代早期去过佛罗里达州其他地方和新泽西州。克罗怀疑那段时间内，斯达诺一定也没闲着。于是克罗立刻与当地警方取得了联系，当地警方说他们所管辖地区的确出现过多起年轻女子被害案，而且至今还是悬案。

1981 年 9 月 2 日，当地法院开庭审理斯达诺的案件。控方为了节约司法成本，与斯达诺达成了辩诉交易。只要斯达诺承认自己杀死了玛丽、托尼、南希，那他就可以免除死刑，被判处三项终身监禁，每项终身监禁在 25 年后允许假释。最终法官认可了这项辩诉交易，判处斯达诺终身监禁。

在接受审判之前，斯达诺一直被关在县监狱里，那里的犯人都十分崇拜斯达诺，他总是向那些因为小偷小摸被关进来的犯人炫耀自己的杀人经历。同时斯达诺还是媒体和公众关注的对象。判决下来后，斯达诺得离开县监狱，到佛罗里达州的州立监狱中服刑。

州立监狱里关押着各种各样的犯下严重罪行的犯人，其中不乏闻名全国的连环杀手，例如斯达诺的室友泰德·邦迪，有着"优等生杀人王子"的称号，名气远远超过了他。来到这里后，斯达诺一下子变成了一个很普通的犯人，没人有兴趣听斯达诺吹牛和炫耀。被忽视的斯达诺为了重新赢得关注，就给代托纳比奇警察局的克罗警长写了一封信，他想当面向克罗交代更多的罪行。

这一次斯达诺主动向克罗交代了另外三起谋杀案，他清楚地陈述了自己是如何杀害 17 岁的凯西·李·沙尔夫、24 岁的苏珊·比克雷斯特和 23 岁的玛丽·马尔登。斯达诺不仅交代了犯罪地点，还将被害人的受伤位置准确地描述出来了，甚至还能清晰地回忆起被害人在被他杀死时所穿的衣物，例如他告诉克罗一位被害人穿着白色带有动物图案的短袖和宽松牛仔裤。似乎是为了炫耀，斯达诺又接连说出了另外 13 起谋杀案。

1983 年 9 月，斯达诺再次接受审判。陪审团认为，斯达诺谋杀沙尔夫的罪名成立，建议法官判处斯达诺死刑。最终法官接受了陪审团的建议。1986 年 5 月 22 日，斯达诺的死刑执行令被批准了，执行日期定在 7 月 2 日。

7 月 1 日，也就是要接受死刑的前一天，斯达诺突然提起上诉。到了 7 月 2 日上午 10 点，也就是行刑的两个小时前，监狱接到通知，斯达诺的上诉请求被批准了，行刑因此终止。

1987 年 6 月 4 日，斯达诺的上诉请求被驳回，于是斯达诺获得了第二份死刑执行令签署书，行刑日期是 8 月 26 日。在将要行刑的四天前，斯达诺申请到了人身保护令，还以辩护团不力为由要求举行听证会。于是第三份死刑执行令来了，行刑日期是 1997 年 5 月 30 日。

在之后的 10 年内，斯达诺一直很活跃，他总是以交代新的命案为由要求与警察单独交谈，最后他甚至说自己一共杀死了 41 个人。后来警方开始怀疑斯达诺交代案件的真实性，斯达诺所陈述的案件可能只是他在监狱里听说的。根据斯达诺的交代，警方只找到了 22 具被害人的尸体，剩下的被害人尸体根本找不到，而且也无法确定他们的身份。

在行刑日期快要来临时，出现了一次电椅事故。当时，一个名叫佩德罗·米迪尔的犯人正在被执行电椅死刑，但电椅却突然着火了，火焰从头盔中蹿了出来，还伴随着一股烧焦的味道。一时间，许多人开始质疑电椅死刑不人道，并开始讨论是否应该将电椅死刑废除。

最后，佛罗里达州决定维持电椅死刑这种行刑方式，并且宣布电椅故障已经得到解决。而斯达诺的死刑被定在了 1998 年 3 月 23 日。在行刑的前一天，监狱满足了斯达诺所提出的晚餐要求，为他准备了牛排、烤土豆、培根片、酸奶油、油拌沙拉、法式面包和奶酪酱，还为他提供了半加仑①的薄荷巧克力冰激凌和两升的百事可乐。

3 月 23 日中午，47 岁的斯达诺被押送到行刑室。一路上，斯达诺都很安静，没有说一句话。最后他被绑在了电椅上，当电流流经斯达诺的全身时，斯达诺激烈地抖动起来，然后一动不动了。

1951 年 9 月 12 日，斯达诺出生于纽约州斯克内克塔迪市。出生后不久，斯达诺就被母亲送到了收容所，在此之前他的母亲已经将 3 个孩子都送进了收容所。在收容所里，斯达诺的名字还是保罗。当时他有许多不良生活习惯，例如他会拿出尿布，然后玩排泄物。这导致他一直没有被收养，没有人愿意领养一个看起来完全不正常的孩子。

尤金·斯达诺和诺尔玛·斯达诺是一对感情很好的夫妻，尤金是一名社会工作者，诺尔玛是一家大公司的经理，由于无法生育，他们来到收养所决定收养一个孩子。

诺尔玛看到保罗后，立刻决定要收养他，她觉得保罗是一个急需关爱的孩子，他的身体很瘦弱，明显营养不良。最后斯达诺夫妇收养了保罗，并给他起了一个新的名字——杰拉德·尤金·斯达诺。

斯达诺从小就是个害羞内向的人，当他进入青春期后，更加内向，在学校里他一个朋友也没有，总是独来独往。后来斯达诺成了校园霸凌的受害者。在班上，斯达诺还总是受到女同学的嘲讽。

①1加仑约为3.79升。

再年长一些的时候，斯达诺开始触犯法律，他因谎报火警和在高速公路上扔石块被逮捕过两次，就连他的养父母也被警察警告，如果斯达诺再出现违法行为，将会被送到少年管教所。斯达诺夫妇很重视对斯达诺的教育，于是决定将斯达诺送到军事化管理的学校上学，希望斯达诺能因此走上正道。但遗憾的是，进入学校没多久，斯达诺就因偷窃行为被开除了。

1967 年，斯达诺跟随着养父母搬到宾夕法尼亚州的诺里斯顿居住。尤金和诺尔玛希望斯达诺能在一个新的环境中重新开始。斯达诺再次辜负了养父母的好意，他很快开始逃学，甚至还偷钱，他用偷来的钱贿赂田径队的同学，好让他们在比赛的时候故意输给自己。

斯达诺的学习成绩也很糟糕，除了音乐这门课程外，其他的成绩都惨不忍睹。不论怎样，斯达诺还是高中毕业了，毕业时他已经 21 岁了。

高中毕业后，斯达诺没有进入大学继续学习，而是在一家机构学习计算机技术，同时离开养父母的家独自居住。让养父母欣慰的是，斯达诺顺利通过了考试，还在当地的一家医院找了一份工作。就在斯达诺夫妇觉得儿子终于改好的时候，几周后斯达诺又因为偷窃被开除。之后，斯达诺换了好几份工作，每份工作都维持不了多长时间，于是他只好搬回去与养父母同住。

20 世纪 70 年代初，斯达诺和新泽西州的一个姑娘相爱了。姑娘的父亲对斯达诺很不满意，当得知女儿意外怀孕后，就拿枪威胁斯达诺，让斯达诺答应与姑娘分手并承担流产手术的费用。

之后，斯达诺的生活变得更糟糕、混乱，他开始酗酒和嗑药。养父母在了解斯达诺的情况后，就坚持让斯达诺回佛罗里达州与他们一起居住。在养父母的监视下，斯达诺的生活依旧一团糟。

1975 年，一个年轻姑娘的出现让斯达诺戒掉了酗酒和吸毒的毛病。之后，斯达诺与这个姑娘在当地的教堂举行了结婚仪式。婚后，斯达诺在养母的帮助下开始工作，他的生活再次步入正轨。

但一段时间后，斯达诺再次酗酒，还开始殴打妻子。几个月后，妻子再也无法忍受斯达诺，就与他离婚了，从此以后斯达诺开始走上了连环杀手的道路。

【发育不良与犯罪】

FBI 的调查记录显示，60% 的连环杀手都曾被收养。也就是说，许多连环杀手像斯达诺一样，生母的状况十分糟糕。这意味着当斯达诺还是一个胎儿的时候，一定处于营养不良的状况中。

通常情况下，一个胎儿必须在母亲子宫里待上 10 个月才能呱呱落地。尽管这个时候还没有记忆，但这是所有人最舒适的一段时光，因为母亲的子宫为我们提供了一个安全、舒适的环境。但对于所有人来说都是如此吗？如果遇到不负责的母亲呢？通常情况下，如果生母的状况十分糟糕，在怀孕期间难以保证健康的饮食习惯，甚至还因心情郁闷抽烟、喝酒、吸毒等，都会严重影响到胎儿的发育，尤其是大脑的发育。也就是说，他们的大脑从出生起就与正常婴儿不同。虽然每个人在母亲子宫里只待上 10 个月，但这 10 个月的影响却十分巨大，尤其是大脑生理上的损害，是无法通过后天的努力来弥补的。

斯达诺的生母在孕育期间，没有给斯达诺的身体和大脑提供有利的发育条件，也就是说斯达诺天生存在智力、情感缺陷。最关键的是，这些先天缺陷很难通过后天的方式加以弥补。

Criminal Psychology

无法控制的吃人冲动——

杰弗瑞·达莫

1991 年 7 月的一天晚上，罗尔夫和罗斯两名警察像往常一样在街上巡逻。这时，一名黑人青年跌跌撞撞地朝他们跑过来。黑人青年名叫特雷西·爱德华，他告诉警察附近有一个人想要杀死他，还说要剖开他的心吃掉。

在特雷西的带领下，罗尔夫和罗斯来到了一户人家，结果特雷西发现找错了。第二次，他们找对了，并在这家发现了一把沾满血迹的刀。很快，罗尔夫和罗斯就看到了墙壁上的照片，这不是普通的照片，都是一些令人恐惧、作呕的照片，例如有的照片上显示着一颗被浸泡在水池里的人头；有的照片上则是一具人体，从喉咙到腹股沟整个拉开，就连盆骨都清晰地显示着；有的照片则是被害人死亡之前的状态，被捆绑起来，并被强迫摆出令人难堪的淫荡姿势。

罗尔夫和罗斯看到这些照片后立刻意识到他们面对着一个恶魔般的杀人凶手，于是就拿出手铐将这家的男主人铐住了。

两名警察从一进门就闻到了一股难以形容的恶臭，在控制住凶手后，便开始在房间里进行搜查。这次的搜查让两名警察留下了十分深刻的印象，他们在职业生涯中从未遇到过这样的场景。房间里有几个塑料桶，当警察打开桶的时候发现了许多残缺的尸体。警察还发现了一些瓶子，瓶子里浸泡着一些男性生殖器。当警察打开冰箱的时候，本能地后退了一步，忍不住骂道："妈的，这是一颗人头！"冰箱里一共有三颗人头，还有一些零碎的人肉。

被捕的人名叫杰弗瑞·达莫，在当地是个十分普通的人。当达莫所犯下的罪行被曝光之后，立刻在当地乃至全国引起了巨大的轰动。

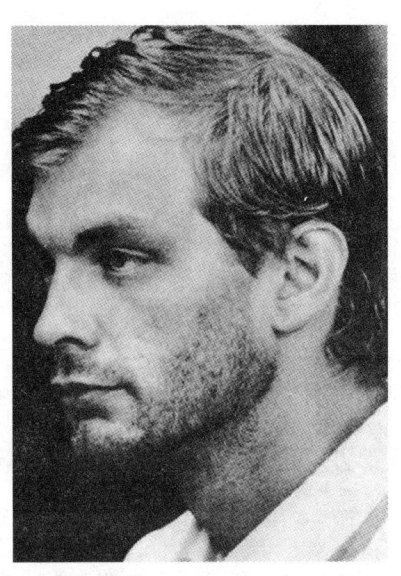

　　特雷西告诉警方，他与达莫是第一次见面，对他很有好感，于是就答应到达莫家中喝酒。他万万没想到自己落入了一个恐怖杀人魔和食人魔的陷阱之中。

　　到了达莫家中后，达莫说《驱魔人》的播放时间到了，这是他最喜爱的电影，希望特雷西能与他一起到卧室观看。特雷西爽快地答应了，当他走进卧室的时候立刻闻到了一股难闻的味道，他不知道在达莫的房间里有许多尸体碎块，而臭味就是尸体腐烂散发出来的。进入房间后不久，特雷西就注意到墙壁上贴了很多照片，当他仔细看的时候，立刻被吓到了，上面尽是一些尸体碎块和死人，看起来十分恐怖。

　　就在特雷西惊魂未定之时，他被达莫用手铐铐住了，幸运的是，由于特雷西的剧烈挣扎，达莫只铐住了他的一只手。随后，达莫拿出了一把刀，并用力刺向特雷西的胸口，幸好没有刺穿心脏。特雷西一边不停地躲避达莫的攻击，一边试图逃出屋子。特雷西害怕极了，他不停地求饶，希望达莫能饶他一命。但达莫却说："我要挖出你的心脏，然后煮着吃了。不过在此之前你得赤裸着身体让我拍几张照片。"说着，达莫就起身去拿照相机。就在此时，特雷西用力地撞向达莫的头部，达莫一下子被撞倒了，特雷西趁此机会立刻站起来逃了出去，他在路上遇到了两名巡逻的警察，这才获救。

尽管达莫在被捕的时候反抗十分激烈，但在审讯的时候却很快承认了自己所犯下的罪行。据达莫交代，他第一次杀人是在18岁，被害人名叫史蒂夫·希克斯，是个黑人。

当时希克斯搭乘了达莫的车，达莫邀请希克斯去自己家中喝酒，并说家中只有自己一个人，家人都去亲戚家了。希克斯一听就同意了。

到了达莫家中后，他们一边喝酒一边听音乐。达莫本以为这会是一个愉快的夜晚，但希克斯的一句话让他突然有了杀人的念头，希克斯说："今天已经很晚了，我得走了，我们改天再约吧。"达莫不希望希克斯离开，却不知道该说些什么话挽留他，他突然觉得如果杀了希克斯，那么希克斯就能永远陪伴在他的身边了。

就在希克斯准备转身离开的时候，达莫用哑铃朝着他的脑袋砸了过去，希克斯一下子就被砸晕了。之后达莫狠狠地掐住希克斯的脖子，直到希克斯停止了呼吸。然后，达莫将希克斯的尸体切割成若干块并放进了一个大塑料袋中。

当时，达莫还和家人居住在一起，他只能小心翼翼地将装着尸块的塑料袋藏在自己的卧室中。但随着尸体的腐烂，恶臭渐渐从达莫的房间里散发出来，为了避免被家人发现，达莫只能偷偷将尸块埋在屋后的树林中。

之后的几天内，达莫一直留意着屋后树林的情况，当发现那个地方经常有小孩子玩耍时，他开始担心尸体会被孩子们发现，于是他趁着夜色将尸体挖出来，此时尸体已经分解掉了，只剩下了骨头。达莫将这些骨头砸成碎片，随意地撒在了树林里。达莫喜欢在住所附近处理尸体，尤其喜欢将尸体留在家里，他认为这样能将被害人永远留在自己的身边。后来达莫想到了一种更好的挽留办法，即吃掉被害人的部分尸体，尤其是吃掉被害人的心脏。

这是达莫第一次杀人，达莫认为这完全是一次意外，如果当时希克斯不离开，而是整晚陪在他的身边，那他或许就不会杀死希克斯了。达莫觉得自己一直深陷孤独之中，没有人愿意永远陪伴在他的身边，就连平时他十分善待的流浪者也不愿意陪他，所以他开始杀人，杀死那些企图离开自己的人。

希克斯的失踪并未引起人们的注意，达莫很快就恢复了正常，像往常一样继续生活。不久之后，达莫的生活发生了巨大的改变，他的父母因感情不和开始闹离婚。达莫已经成年了，如果父母离婚了，那就意味着他今后要独自生活，他很痛苦，就连父母也不能永远陪在他的身边。但父母却并未注意到达莫的痛苦，他们的全部精力都放在了争夺小儿子大卫的抚养权上。最后母亲带着大卫离开了，家中只剩下达莫和父亲。

没过多久，达莫也离开了家。一段时间后，达莫带回了一个女朋友，而且进入俄亥俄州立大学的哥伦布分校学习。在学校待了没多长时间，达莫就去参军了。后来达莫因酗酒被军队开除了。离开军队后，达莫回到了家乡，和祖父母居住在一起。达莫一直渴望能和一个女人结婚并组建一个家庭，但没有女人能忍受达莫的变态行为，例如在公共场合露阴和小便等。尽管达莫因此被拘留过，却屡教不改。

1987年的一天，一个名叫史蒂夫·托米的男子与达莫在汽车旅馆喝酒的时候意外死亡。根据达莫的交代，那天晚上他和托米相谈甚欢，两人都喝了许多酒，最后喝得不省人事。当达莫醒来后发现托米已经口吐鲜血死了。达莫看到托米的尸体后，只想将尸体带回家，而不是报警。

达莫将托米的尸体装进行李箱并带回了家。看着托米的尸体，达莫突然有了十分强烈的性冲动，于是他开始性侵尸体，并对着尸体手淫。发泄完性欲后，达莫开始用刀肢解尸体。这次意外事件让达莫迷上了杀人的乐趣。

很快，达莫开始渴望杀人，他诱拐了一名 14 岁的男孩并将其杀死。不久之后，达莫碰到了一个认识的人，他名叫理查德·格雷罗，当时格雷罗准备去找朋友玩，碰到达莫后就打了个招呼，达莫邀请格雷罗去家中喝酒，结果格雷罗没能活着走出达莫的住所。

达莫与祖父母住在一起，为了避免祖父母发现自己见不得人的勾当，他只会在地下室处理尸体。达莫的祖母发现，达莫很喜欢在地下室待着，而且一待就是一整晚。在晚上的时候，地下室总会传来敲敲打打的声音。祖母不知道达莫在做什么，也不想干涉达莫，但当她闻到从地下室传来的气味时，就对达莫说，希望达莫能独自出去找房子住。祖母的这个要求让达莫觉得很伤心，他以为祖母要离弃他。但在祖母的坚持下，达莫只好搬了出去。

独自居住后不久，达莫就因猥亵罪被拘留了。获得自由后不久，达莫就去了一家同性恋酒吧买醉，这是他经常去的酒吧。

在酒吧里，达莫和一个名叫安东尼·希尔斯的男人聊得很愉快。达莫对希尔斯说："我是这家酒吧的常客，经常在这里喝酒。如果你愿意的话，你可以去我家。到时候我们可以玩点儿更刺激的游戏，可以尽情地喝酒和做爱，还可以拍点儿裸照。"希尔斯一听心动了，就跟着达莫离开了酒吧。

到了达莫家中后，两人便开始做爱。希尔斯只觉得达莫是个普通的同性恋而已，并没有提高警惕，所以当达莫端给他一杯酒的时候，希尔斯毫不犹豫地喝了。这是一杯掺着安眠药的酒，希尔斯喝下不久后不由自主地睡着了。

在希尔斯不省人事的时候，达莫肢解了他。达莫似乎很喜欢希尔斯的脑袋，在他看来这是一件不错的纪念品，他一直留在身边。

这次作案后不久，达莫又因猥亵男童被判刑，法庭判达莫禁止和18周岁以下的儿童接触。在之后的一年内，达莫的杀人欲望越来越强烈，他先后杀掉了大约12名男性。

内克拉克是其中的一名被害人，年仅14岁，是个老挝裔男孩。内克拉克被达莫诱骗到住所后，就被达莫用安眠药迷晕了。看着昏迷的内克拉克，达莫突然想喝酒庆祝一下，但发现家中没啤酒了，就出去买酒。其间，内克拉克迷迷糊糊醒了过来，他意识到自己被下药和强奸了，就尽力跑了出去。

当时内克拉克裸着身体，肛门处还流着血。由于安眠药的药效还没完全消失，内克拉克的意识还不怎么清醒，他跌跌撞撞地跑了出去。当内克拉克看到两名女孩后，立刻向他们求救。两名女孩看到内克拉克的情况后，立刻意识到内克拉克需要警察的帮助，于是就报警了。

警察和内克拉克来到了达莫的住所。不过在警察看来，这只是一对同性情侣在闹矛盾而已，并未引起重视，去达莫家中只是象征性地询问了一些问题。达莫十分配合警方的工作，他对警察说，内克拉克已经19岁了，他们之间是情侣关系。警察觉得达莫说得没错，于是就离开了。其实当时警察也闻到了一股难闻的气味，但并未怀疑。如果当时警察搜查了达莫的住所，一定会发现被肢解的尸体，那么内克拉克就会获救。警察一离开，达莫就肢解了昏迷的内克拉克，还将内克拉克的脑袋做成了纪念品。

帮助内克拉克报警的两名女孩觉得事情不对劲儿，就回家将此事告诉了母亲。母亲就给警察局打电话询问情况，结果警察说："女士，那是个成年人，我们不能干涉对方的性取向。"后来，这两名警察甚至还拿内克拉克肛门受伤和醉酒的样子开玩笑。这两名警察不仅是白种人，而且还是种族主义者。他们对达莫这个白种人本就具有好感，对内克拉克这个老挝裔本来就存在偏见。正是这种偏见才导致了悲剧的发生。

被达莫杀死的被害人都是有色人种，以非裔黑人和拉丁美洲人居多。被害人都是男性，没有妇女，也没有儿童。这与达莫是个种族主义者是分不开的。达莫的家人虽然有种族主义倾向，但表现得并不强烈。不过达莫却是个激进的种族主义者，而且他还曾公开表示，总有一天要杀死世界上所有的黑人。

除了达莫外，当时的许多人都存在歧视有色人种的倾向。在这种歧视有色人种的大环境影响下，达莫袭击有色人种通常不会引人注意。就像内克拉克一样，如果那两名警察能像罗尔夫和罗斯一样负责，没有种族偏见，那么内克拉克就会成为幸存者。

当达莫的杀人事件被曝光之后，一场抗议美国政府纵容种族主义的民众暴动开始了。一时间，美国政府承受了巨大的舆论压力。美国政府为了熄灭民众的怒火，决定严惩达莫。

警方在达莫的带领下找到了16名被害人的尸骨，这样16起谋杀案坐实了。最终法庭认为达莫需要为16起谋杀案负责，他被判处了终身监禁，他的余生将要在监狱中度过了。达莫被单独关押起来，一般情况下，监狱方不会轻易让达莫和其他犯人接触。就算如此，达莫还是在监狱中被人杀害了。

1994年，达莫在和一个黑人一起打扫房间的时候，两个人起了冲突。激烈的争吵过后，两人开始互相殴打起来。达莫显然不是黑人的对手，他被黑人抓着脑袋用力向墙上撞去，结果达莫被撞死了。在黑人看来，他杀死达莫这个恶魔只是替天行道，上帝不会允许一个杀人狂魔继续活在这个世上。

1960年，达莫出生于威斯康星州密尔沃基一个普通家庭，在家中排行第二。小时候的达莫是个漂亮的小男孩，深受父母喜爱。据调查，凡是相貌出众的孩子都可以获得父母的喜爱，与其他相貌平凡或是丑陋的兄弟姐妹相比，长得漂亮的孩子可以得到格外的优待，毕竟爱美之心人皆有之。

但在与同龄人相处的时候，漂亮的外貌不仅没给达莫带来方便，反而招来了不小的麻烦。没有男孩愿意和一个像小女孩一样漂亮的男孩玩，达莫还总是受到周围男孩的性骚扰。这段经历对达莫产生了十分深刻的影响，甚至影响了他的性取向，使他的性取向发生了错乱。成年后，他无法与女性发生正常的性关系，只能与男子发生性关系。

8岁，达莫一家离开了密尔沃基，来到了俄亥俄州的巴斯镇。此时的达莫已经与普通孩子不同了，他从不会和其他孩子一起嬉戏玩耍，总是一个人在自家房屋后玩儿，每天沉浸在幻想之中。许多连环杀手和达莫一样，都有一个孤独的童年。

不久之后，父母就发现了达莫的奇怪爱好，达莫会虐待一些小动物，例如狗、猫或小鸟等。虽然父母觉得很奇怪，并且难以理解达莫的爱好，但并未重视这个问题，只觉得这是小孩子的把戏而已。

到了入学年龄，达莫和许多孩子一样进入学校接受教育。在学校里，达莫依旧是独自一人，他没有朋友。在同学们的眼中，达莫是个古怪的异类，他们会不由自主地远离异类。

孤独的达莫一直渴望能融入同龄人之中，很快他就发现了一种很好的融入方式，就是与他人一起喝酒。渐渐地，达莫开始离不开酒，每天都会把自己灌醉。当达莫成为一个连环杀手的时候，酒成了他引诱被害人的工具。

后来，达莫发现怪异虽然会让同龄人远离他，却也能使他轻易地吸引他人的注意力，于是达莫就不再刻意隐藏自己的怪异行为。据达莫的同学回忆，达莫很喜欢用粉笔在教室的地板上画出人体的形状。起初同学们会感到非常诧异，时间长了也就习惯了。在同学眼里，达莫是个怪异的、脑子有病的人。虽然达莫很怪异，但在学校的成绩还算不错，只是有些偏科。当时谁会想到这个怪人将来会成为连环杀手和食人魔呢？

【杀戮是为了挽留】

在达莫的罪行被发现之前，在周围人看来，达莫只是个性格孤僻怪异的人罢了，他从未与他人发生过冲突，尽管他曾因露阴和猥亵儿童等罪名被拘留过。许多认识达莫的人都没想到他居然是个杀人狂和食人魔。在达莫这个连环杀手的身上，有一个十分显著的特征，即无法排解的孤独，他从小就缺少伙伴的陪伴。

在研究一个人为什么会成为连环杀手的时候，人们往往会首先考虑他来自一个什么样的家庭。通常情况下，连环杀手都成长于一个支离破碎的家庭，父母要么未婚、要么离异，或者有犯罪记录。但也有一些连环杀手成长于一个普通正常的家庭，例如达莫。

达莫的原生家庭很正常，他从小没有遭受过父母的忽视或虐待，他的父母十分喜爱他。但达莫在融入同龄人的时候却出现了问题，他不会与同龄人交朋友，他的人生中没有伙伴。

在一个人成长的过程中，父母扮演着重要的角色，同时伙伴也是必不可少的。随着一个人年龄的增长，同龄人所扮演的角色越来越重要，父母的重要性会渐渐削弱，尤其是当一个人步入青春期后，伙伴就更加重要了。

达莫还有恋尸癖的倾向。达莫表示，他在14岁的时候就开始幻想着杀人，他喜欢内脏的颜色。对于达莫来说，刚刚死亡的尸体所散发出来的热气能让他产生性兴奋，他会想要和尸体性交。

达莫还很喜欢吃掉被害人的部分尸体，他认为这样被害人就能在自己身上获得重生。达莫在吃人肉的时候，通常会选择自己喜爱的部分，甚至为了让人肉的口感更好，他会变着法儿加工人肉。达莫曾尝试过喝人血，但口感并不怎么样，后来便放弃了。

之后，达莫开始虐待、折磨被害人，并渐渐喜欢上了这种感觉。例如达莫会在被害人的头颅上敲开一个洞，然后灌入一些盐酸，眼看着被害人被疼痛折磨而死。

达莫相信魔鬼的存在，并认为魔鬼一直在控制着自己，所以他才会一直被杀人、吃人的冲动和幻想折磨着，根本无法控制。对于自己所犯下的罪行，达莫也很痛苦，但还是无法停手。渐渐地，他杀人的冲动变得越来越强烈，他成了一个嗜血狂魔。

Criminal Psychology

40 多年后被捕的终极恶魔——

金州杀手

自 20 世纪 70 年代起，美国加利福尼亚州开始出现系列入室抢劫和强奸案件，警方将这名强奸犯称为"东区强奸犯"。东区强奸犯总是戴着面具和手套，随身带着刀子或枪。所有的被害人都受过东区强奸犯的死亡威胁，他会要求她们去做一些事情，她们必须严格执行他所下达的命令。

东区强奸犯在强奸的过程中，总会打开电视机，然后在屏幕上盖一条毛巾，这样室内就会有光线比较昏暗的照明，可以让他看清楚被害人。东区强奸犯十分喜欢看被害人脸上的恐惧表情和她们正遭受侵害的身体。

警方发现，东区强奸犯针对的目标主要是独居女性，而且作案地点一般是中产阶级社区，距离草坪很近，这样方便他逃走。

东区强奸犯在选定目标动手之前，都会提前潜入目标的住所中，然后将窗户解锁，并将家中的枪支卸掉子弹。有时候被害人还会提前接到东区强奸犯的电话，他会告诉被害人自己要对她实施强奸。

当加利福尼亚州出现了 15 起相似的入室抢劫和强奸案件后，一家报纸总结道，东区强奸犯只会潜入没有男人的家中作案。这条报道发表后不久，第 16 起入室强奸案发生了，这一次男主人在家。

负责调查东区强奸案的地方检察院调查员保罗・霍尔斯在了解了这一情况后认为，东区强奸犯经常会看和自己有关的报道。而且东区强奸犯敢于到一个有男人的家中实施强奸，这说明他是一个对自己的能力很自信的人，他用手中的枪控制了整个家庭。

被害人被抢走的物品大多具有纪念性，例如刻着名字的结婚戒指、身份证和个性化袖扣等。这说明东区强奸犯抢走这些物品只是为了留个纪念，对于他来说这些都是他的战利品。

在之后的作案中，东区强奸犯开始挑选一些情侣或夫妇，为了避免被房内的男人威胁，东区强奸犯改变了作案手法。在进入一对情侣或夫妇家中的时候，东区强奸犯会将枪放在手电筒下面，因为手电筒的光能让屋内的人清楚地看到他手中的枪，之后东区强奸犯会将熟睡中的情侣或夫妇唤醒。被害人看到东区强奸犯手中的枪后，一般都不会反抗。东区强奸犯会将一个物体，通常是盘子平放在男人的背上，然后开始强奸女人。男人背上的东西相当于一个临时报警系统，如果东区强奸犯听到身体移动发出的声响，他就会杀人。

1978 年 2 月 2 日，东区强奸犯经常作案的地方发生了命案，21 岁的布莱恩·马乔里和他 20 岁的妻子凯蒂在散步遛狗的时候突然被人射杀。警方在案发现场发现了东区强奸犯经常使用的鞋带，由于案发地点是东区强奸犯经常作案的地方，所以警方推测凶手应该是东区强奸犯，被害人很可能是目击了作案过程，所以才被灭口。

有一次，东区强奸犯在作案的时候失手了，男性被害人挣脱了绳索并开始与东区强奸犯打斗起来。最后东区强奸犯成功脱身。从此以后，东区强奸犯从该地区消失了。东区强奸犯犯下了至少 50 起强奸案和 120 起入室盗窃案。与此同时，加利福尼亚州的南部开始出现系列谋杀案，由于加利福尼亚州有"金州"之称，所以该连环杀手被称为"金州杀手"。

1980 年 3 月 14 日凌晨 2 点，一户人家在睡觉的时候突然被自家养的大丹犬吵醒了。这是大丹犬第一次在深夜叫醒主人，主人觉得不对劲儿，于是就去看自己的爱犬。最后大丹犬将主人带到了邻居家门口，它在邻居家门口停了下来，并静静地站在那里。狗的主人敲了敲邻居的房门，结果无人回应，于是就带着爱犬离开了。第二天下午，狗的主人看到邻居家的房门依旧紧闭，没有人出来，就报了警。

警方打开这家的房门后看到了恐怖、血腥的一幕，这家的一对夫妻死在了家中，他们的头部都被毯子蒙着。男主人莱曼·史密斯全身赤裸、脸部朝下趴在床上，莱曼的脚踝被一根窗帘的绳子绑着，双手被绑在身后。女主人夏琳·史密斯下身和脸部有明显的遭受侵害的迹象，身上只穿着一件 T 恤，双手也被绑在身后。不过捆绑夏琳用的绳索与莱曼的不同，是一种含有铜线的白色粗绳。

尸检报告显示，莱曼和夏琳都遭受了棍状物的殴打，夏琳的头部只被击打了一两次就毙命了。案发现场有血迹溅在了墙壁上，但是没有发现挣扎的痕迹，警方认为莱曼和夏琳一定是被凶手威胁，他们躺在床上按照凶手的要求不敢反抗，却突然被凶手打死。根据血溅分析，警方认为凶手先将莱曼殴打致死后才打死了夏琳。

在了解了案件的基本特征之后，警方确认这起案件的凶手就是金州杀手。捆绑在夏琳双手上的绳子被打成了"钻石"的形状，钻石结一直是金州杀手惯用的，是他的标志之一。

金州杀手一直在加利福尼亚州不断作案，作案地点最初集中在萨克拉门托县，随后蔓延到旧金山东湾地区、文图拉县和奥兰治县，作案范围涉及加利福尼亚州至少 10 个县。美国联邦调查局也介入系列谋杀案的调查之中，并对金州杀手进行了犯罪心理侧写，还绘出了金州杀手的外貌特征——身高 168 厘米，身着 44 码的阿迪达斯运动鞋，浅棕色头发，身材健美的白人男子。很长一段时间内，加利福尼亚州的各个街头都贴着 FBI 发出的通告。

直到 1986 年，金州杀手才停止了作案。在这期间，金州杀手已经犯下了 12 起谋杀案。虽然金州杀手已经不再作案，但许多调查人员和业余侦探依旧在苦苦寻找他，甚至还到澳大利亚进行调查。金州杀手连环杀人案也成了加利福尼亚州几十年内花费司法资源最多的案件。FBI 甚至还给出 5 万美元的赏金缉拿金州杀手。但金州杀手好像凭空消失了一般，直到 2018 年，金州杀手才浮出水面，此时金州杀手已经 72 岁了。

在金州杀手系列谋杀案发生十多年后，法医技术取得了很大的进步，尤其是 DNA 技术开始运用到案件侦破中。2001 年，调查人员在 DNA 技术的帮助下惊奇地发现，东区强奸犯和金州杀手原来是同一个人。

法医病理学家彼得·斯佩思博士在被害人夏琳·史密斯的尸体上提取到了大量的罪犯 DNA。虽然有了金州杀手的 DNA，但想要找到金州杀手还是十分困难的。调查人员保罗·霍尔斯想到了一个办法，即将金州杀手的 DNA 上传到家谱网站"GEDMatch"上，这是一个允许用户上传 DNA 档案的基因族谱网站。

经过大量的数据对比后，保罗·霍尔斯找到了金州杀手的远亲。但是这份家族图谱所涉及的人员太多了，霍尔斯只能根据对金州杀手年龄、相貌以及其他背景信息的推测使范围一步步缩小，最终霍尔斯找到了那个他一直在寻找的金州杀手，他名叫约瑟夫·詹姆斯·迪安杰洛。

2018 年 4 月 27 日，迪安杰洛坐在轮椅上被推进了萨克拉门托高级法院的法庭。此时的迪安杰洛已经 72 岁了，有十分明显的衰老痕迹，满脸皱纹和老年斑，所剩不多的头发也已经花白。

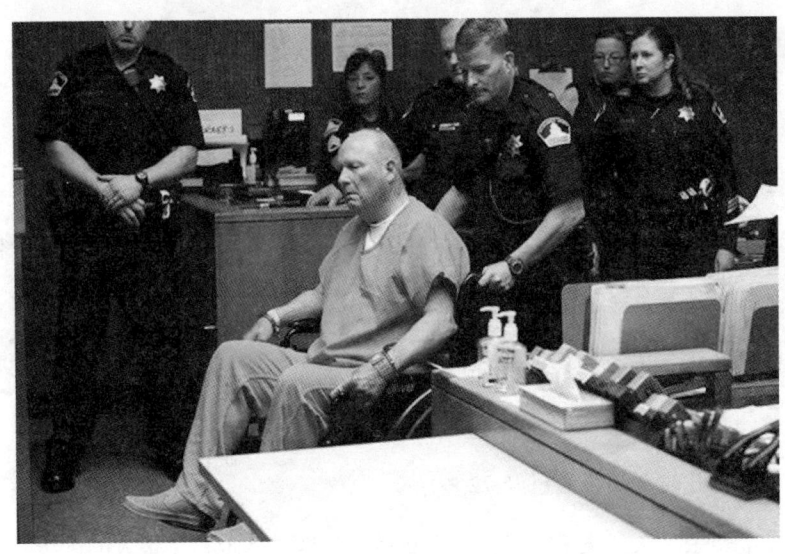

在法庭上，迪安杰洛要求提供一名公派律师，但他的声音非常微弱，法官没有听清楚，不得不要求迪安杰洛再说一次。

在庭审现场，旁听的除了媒体记者外，还有许多被害人以及被害人的家属。52 岁的玛格丽特·沃德洛就是其中之一，她曾被迪安杰洛性侵过，那个时候沃德洛只有 13 岁。

1977 年冬天的一个晚上，沃德洛已经进入梦乡，迪安杰洛溜进了沃德洛的卧室，并将沃德洛绑了起来。起初沃德洛并不觉得害怕，只以为是邻居的恶作剧，当她发现眼前是个陌生男子时，她开始害怕起来。当沃德洛看到男子将绑她的绳子打成一个钻石结后，沃德洛开始意识到眼前的这个男人就是新闻报道里的"东区强奸犯"。

当时迪安杰洛戴着滑雪面罩，沃德洛根本看不见他的样子，而且迪安杰洛在说话的时候故意用尖利的声音以隐藏自己真实的声音。沃德洛只记得那名男子穿着深色牛仔裤和靴子。

为了逼迫沃德洛就范，迪安杰洛威胁她，如果她敢反抗，那么她和她妈妈就会被杀死。但沃德洛并不在乎迪安杰洛的威胁，她记得新闻报道里并未提及东区强奸犯会杀害被害人，在沃德洛看来她的生命不会有危险，她只会被强奸。沃德洛一直安慰自己，要忍耐下去，事后会好的。

绑好沃德洛后，迪安杰洛离开了她的卧室，他去了沃德洛母亲多洛雷斯·麦基翁的卧室，并将多洛雷斯绑了起来。之后迪安杰洛去了厨房，他拿出一摞盘子走到了多洛雷斯的卧室，并将盘子放到多洛雷斯的背上。迪安杰洛告诉多洛雷斯，如果让他听到盘子发出声响，那么她和沃德洛都会被杀死。接着，迪安杰洛去沃德洛的卧室将沃德洛拖了过来，当着多洛雷斯的面强奸了她。

对于多洛雷斯来说，这是一段十分痛苦的经历，她亲眼看着女儿被性侵却无能为力。在之后很长一段时间内，多洛雷斯都被痛苦困扰着。在迪安杰洛被捕的时候，多洛雷斯已经 97 岁了，她患上了阿尔茨海默病，每天呆呆地坐在轮椅上。尽管沃德洛知道母亲已经神志不清了，却还趴在母亲的耳旁一遍遍地说着迪安杰洛被捕的消息，她希望母亲能听明白这个好消息。

在对沃德洛实施性侵后，迪安杰洛发现沃德洛一直在发抖，于是他拿来一张毯子盖在沃德洛的身上。之后，迪安杰洛打开了炉子、排风扇和厨房的水龙头，这样沃德洛和多洛雷斯就无法得知他什么时候离开了。

这段被性侵的经历对沃德洛来说是一段不堪回首的记忆，即使在沃德洛52岁时亲眼在法庭上看到迪安杰洛，依旧会害怕，会不由自主地往自己嫂子身后躲避。当年沃德洛只有13岁，她一边非常害怕那个强奸她的男人会再次出现在自己的卧室里，一边还要忍受同学们的欺辱。在20世纪七八十年代，萨克拉门托附近强奸案件经常发生，学校里的所有人都知道沃德洛是东区强奸犯的被害人，一些孩子常常叫沃德洛为"东边的女孩"。

萨克拉门托在那段时间里一直笼罩在东区强奸犯和金州杀手的阴影中。不少被害人在被性侵后都会接到一个神秘的电话，电话是一个男人打来的，威胁要去杀死被害人。有的被害人甚至会在圣诞节接到东区强奸犯的电话："圣诞快乐，你想我了吗？"

在第15起强奸案发生前，萨克拉门托治安官的办公室里曾接到过一个陌生男子的电话："是我，我有了下一个目标。"之后不久，强奸案就再次发生了。

保罗·霍尔斯在接手了金州杀手的案件后，立刻开始研究，他发现金州杀手所犯下的每一起案件都是精心策划过的，他的手法十分老练、缜密，甚至还能猜到警方的部署。霍尔斯猜测金州杀手或许有警察、军人之类的背景经历。

霍尔斯猜得不错，迪安杰洛虽然是以超市员工的身份退休的，但他之前的确是警察，只是因盗窃被开除了。

1973年，迪安杰洛来到中央山谷的农业小镇埃克塞特，他成了警察局的一员。在这座小镇上，只有不到10名警察在维护治安。

法雷尔·沃德在埃克塞特警察局工作了几十年，对迪安杰洛这个曾经的同事印象很深。在法雷尔看来，迪安杰洛是个受过高等教育和各种专业训练的警察，他十分敬业。但同时迪安杰洛也是个非常冷漠的人，他从来不会融入同事们的玩笑和打闹中，他总是一丝不苟地板着脸。

在成为警察前，迪安杰洛曾在军队里服兵役，他参加过越南战争。之后迪安杰洛前往加利福尼亚州的塞拉学院攻读刑事司法学士学位。在校期间，迪安杰洛与一名女性相识并结婚。婚后不久，迪安杰洛就与妻子来到了埃克塞特小镇。

法雷尔认为迪安杰洛总的来说是个不错的人，与当地居民、同事们的关系不算亲密，但还算融洽。不过，他总觉得迪安杰洛是个会给人距离感的人，没有人会私下里找迪安杰洛开玩笑，也不会有人邀请迪安杰洛一起去烧烤。对于迪安杰洛的个人隐私，没有人知道，法雷尔甚至不知道迪安杰洛来自哪里。迪安杰洛曾对法雷尔说，他想做更大、更厉害的事情。法雷尔听了就开玩笑地建议道："你应该考虑加入联邦调查局。"

当法雷尔得知迪安杰洛就是那个臭名昭著的金州杀手时，十分震惊，他不敢相信这位前同事是个连环杀手。

在埃克塞特的警察局待了 3 年后，迪安杰洛来到了萨克拉门托附近的奥本警察局，在这里他又待了 3 年。在 1979 年，他因在一家五金店偷窃了一把锤子而被开除。当奥本警察局的同事们得知迪安杰洛这个曾与他们一起共事的人是金州杀手时，纷纷表示不敢相信。

在迪安杰洛的邻居们看来，迪安杰洛是个脾气很差的老头，邻居们总是能听到迪安杰洛的叫喊声和咒骂声。邻居们反映，迪安杰洛平时喜欢干木工活、总是在卡车引擎盖下修修补补。

沙伦·哈德尔是迪安杰洛的前妻，与他有 3 个女儿。哈德尔与迪安杰洛很早就离婚了，但她一直被迪安杰洛骚扰。据哈德尔的邻居反映，自从哈德尔和 3 个女儿搬到这处高档小区起，迪安杰洛就经常来闹。有时候迪安杰洛会在车道上大喊大叫，有时候会和哈德尔发生激烈的争吵，甚至还会对哈德尔拳脚相加。一位邻居表示，迪安杰洛是个情绪很不稳定且脾气暴躁的人，常常会口出脏话，他一直与迪安杰洛保持一个安全的距离。

迪安杰洛为什么会成为一个杀人狂呢？是否与他的经历有关呢？这是许多人所关心的问题。于是，迪安杰洛的早年经历被媒体记者挖了出来。

迪安杰洛的父亲在空军服役，因此迪安杰洛和其他3个兄妹常常因为父亲要到某地工作而频繁搬家。迪安杰洛的母亲凯瑟琳常会被老迪安杰洛殴打，他甚至还因家暴而被军队警告过，如果他再殴打凯瑟琳，那么将会面临被赶出军队的处罚。

在迪安杰洛9岁或10岁的时候，他7岁的妹妹康斯坦斯遭到了强奸，迪安杰洛亲眼看到两名空军士兵在德国空军基地的仓库里强奸了康斯坦斯。当他们的父母得知此事后，命令他们忘记这件不幸的事情，而且以后都不要谈起。

波士顿学院精神病学教授安·沃尔伯特·伯吉斯认为，这段经历一定让迪安杰洛的心理上产生了阴影。除了阴影外，还给迪安杰洛造成了深远的影响，从而让他产生了某种变态的幻想，并最终将这种幻想付诸行动。

【恶魔是如何诞生的】

一个人为什么会成为连环杀手？这是许多人都感兴趣的问题。人是群居动物，具有很强的社会性，能与他人建立亲密的关系。但连环杀手显然不符合这个特征，他们冷血且毫无人性，似乎毫无社会性。

人是复杂且多面的，因为每个人都受到生物因素、家庭因素、教育经历和社会环境等诸多因素的影响。对于连环杀手来说，也是如此。一个人会成为连环杀手是由各种因素综合决定的，某个单一的犯罪因素不会促使一个人成为连环杀手。总之，犯罪行为是由多种影响因素共同作用造成的。不过某个影响因素会成为引起犯罪行为的主要因素。

从客观因素的角度看，迪安杰洛的童年并不幸福，他成长于一个暴力家庭，父亲总是对母亲拳脚相加。这或许与老迪安杰洛的职业有关。调查显示，军人家庭内发生暴力行为的概率要高于一般人，这与军人所面临的压力有关。对于正在服役的军人来说，他们得与家人分离，到一个陌生的地方服役，这本来就很容易产生压力。对于参加过战争的军人来说，他们很容易患上创伤后应激障碍，难以再与他人建立亲密关系。对于退役军人来说，要适应完全不同于部队的生活，会面临着调整适应的压力。

迪安杰洛曾亲眼看见妹妹被性侵，这对他来说是一道心理阴影，却让他产生了某种幻想。他错误地认为女人生来就应该被男人控制和支配，而征服女人的最佳方式就是强奸。

在制造系列强奸案的时候，可以看出迪安杰洛十分享受控制、支配被害人的过程，他喜欢看到被害人恐惧的表情，这使他获得了心理满足。这是迪安杰洛成为一名连环杀手的主观因素。

此外，迪安杰洛还很喜欢和执法部门或被害人玩游戏，他能从中体验到兴奋。例如迪安杰洛会提前给被害人打电话，在制造第十五起强奸案前迪安杰洛还给治安官打电话。和许多连环杀手一样，迪安杰洛也非常享受被媒体关注的感觉，例如他会阅读与自己有关的报道。

对于迪安杰洛来说，强奸和杀人能让他体会到控制和支配的快感。正因为如此，迪安杰洛在看到报道说东区强奸犯只找独居女人下手时，他选择目标的标准发生了改变，开始找一些情侣或夫妻下手。在一次次作案成功后，迪安杰洛变得越来越残忍和冷血，渐渐地强奸已经无法再使他产生兴奋，他开始杀人了。

Criminal Psychology

当恶魔学会了隐藏和欺骗——

罗伯特·汉森

1980 年，一名建筑工人在安克雷奇附近的峡谷工作时发现了一具女尸的残骸，女尸并不完整，缺失的那部分很可能已经被野生动物啃掉了。这起命案警方所掌握的线索只有一条，即被害人是被刺杀致死的。除此之外，警方没有获得更多的线索，就连被害人的身份都无法确定。这起谋杀案注定要被搁置起来。

两年后，警方再次接到报案，又有人在安克雷奇附近的峡谷发现了一具女尸。报警者是个猎人，他在 1982 年 9 月的一天去打猎的时候，发现了一具被埋得很浅的女尸。

被害人的身份很快得到了确定，是一名 23 岁的年轻女子，名叫谢丽·墨洛，是一名艳舞女郎，在 1981 年 11 月失踪。尸检结果显示，谢丽是被人射杀的，一共身中三弹。不过奇怪的是，谢丽的衣服完好，身体上却有枪眼。很显然，谢丽是在赤身裸体的情况下被人射杀的。警方还在尸体发现地找到了弹壳。弹道分析显示，凶手是用一把大火力的鲁格迷你 14 型猎枪将谢丽杀死的。这的确是个重要发现，但在破案时却起不到作用，因为当地有不少人都非常喜欢打猎，而大多数猎人都拥有这种猎枪，警方无法一一进行排查。

1983 年，警方再次接到报案，又有人在安克雷奇附近的峡谷发现了一具女尸。被害人是失踪的鲍拉·戈尔丁，在失踪前不久鲍拉失业了，后来她在一家酒吧找了一份女招待的工作，根据这家酒吧的规定，所有的女招待都被要求袒胸。鲍拉与谢丽一样也是被鲁格迷你 14 型猎枪杀死的。

格列·弗洛斯是一名州警，也是这 3 起案件的负责人。这 3 起线索很少的谋杀案让弗洛斯十分头疼，为了破案，他只能向 FBI 请求帮助。罗伊·海茨伍德是 FBI 的犯罪心理侧写专家，他在研究了 3 起谋杀案后向弗洛斯提供了许多线索：凶手是男性，熟悉丛林狩猎，自卑，曾有过被女性拒绝的经历，可能还有点结巴，在杀死被害人后会留下她们的个人物品当作战利品。

不久之后，弗洛斯就找到了一个与海茨伍德的描述十分相似的男子，该男子名叫罗伯特·汉森，被一名女子指控绑架、强奸。弗洛斯认为他很可能是个连环杀手，也是安克雷奇附近的峡谷里 3 起命案的凶手。在弗洛斯看来，汉森十分符合海茨伍德所描绘的嫌疑人特征，甚至连口吃这种细节特征都十分吻合。汉森是个一流的猎人，从小就非常喜欢打猎，最关键的是汉森有一架轻型小飞机，可以将被害人带到人迹罕至的荒野中。

指控汉森绑架、强奸的女子名叫辛迪·鲍尔森，只有 17 岁，是个妓女，她在招揽生意的时候遇到了汉森。她向警方描述说，汉森是个身材矮小、一头红发、一脸麻子的男子。汉森提出让鲍尔森上车，还给出了一个令她心动的价格。

上车后，汉森命令鲍尔森为他口交，就在鲍尔森准备为汉森进行口交的时候，她的手腕突然被汉森用手铐铐住了，汉森拿出一把手枪并威胁鲍尔森不要发出声音。

鲍尔森被汉森带到了马尔顿繁华地带的一栋民宅内，这是汉森的住所，家里一个人也没有。汉森对鲍尔森说，只要她乖乖听话，按照他说的去做，她就不会受到伤害。接下来，鲍尔森在汉森的逼迫下脱光了衣服，然后她被汉森强奸了。

之后，鲍尔森被汉森带到地下室并用手铐铐在一根柱子上。在确定鲍尔森不会逃走后，汉森就放心地睡着了。此时的鲍尔森十分恐惧，她感觉汉森会杀死自己，可是她却无能为力，只能等待死亡的来临。

等汉森醒来后，他提出了一个新的要求，让鲍尔森和自己一起乘坐私人飞机去一片树林，那里有一间属于汉森的小木屋。汉森还说，小木屋特别适合做爱，等他尽兴了，就会将鲍尔森送到安全的地方。

汉森的这番话没有让鲍尔森安心，鲍尔森反而更加害怕，她觉得只要自己被汉森弄到小木屋，汉森一定会杀死她。于是在汉森往飞机上搬运东西的时候，鲍尔森趁机逃了出来。鲍尔森浑身赤裸、戴着手铐，一口气跑到了一条公路上，她拦下了一辆出租车，并请求司机送自己去警察局，她说自己差点儿被杀死。

警方在了解了鲍尔森的遭遇后，就根据她所提供的线索找到了汉森。汉森是个 45 岁的中年男子，是社区里的重要成员，颇有声望，还是一个狩猎团体的召集人。汉森出生于美国艾奥瓦州，后来搬到阿拉斯加州安克雷奇，在这里一住就是 17 年，经营着一家面包房，生意十分红火。汉森还有稳定的家庭生活，已经结婚，并有一儿一女。在调查的警察看来，汉森怎么看都是个普通的守法公民，根本不像报案者所描述的那样。实际上，汉森这个恶魔只是学会了隐藏和伪装。

后来，警方带着鲍尔森来到了机场，让她辨认汉森的私人飞机，结果鲍尔森立刻识别出了汉森的超级猎犬型飞机。这让警方开始怀疑，鲍尔森说的很有可能是真的，于是警方再次联系了汉森，并让他到警察局来一趟。

当汉森来到警察局后，警方立刻安排鲍尔森与汉森对质。面对鲍尔森的指控，汉森的情绪很激动，他一口咬定自己从未见过鲍尔森，还说鲍尔森这个妓女想敲诈他，毕竟汉森的经济状况不错，在社区里的地位也很高。后来，汉森甚至质问警察："我怎么可能强奸她，她就是个妓女！"为了撇清自己的嫌疑，汉森提供了不在场证明。汉森说，前段时间他和妻子孩子一起到欧洲游玩，在案发的当天晚上，他正在和两个生意伙伴一起吃晚餐。警方找到了汉森口中的生意伙伴，两人证明在案发当晚汉森的确与他们在一起。由于警方只有鲍尔森的口供，没有实质性的证据，只能放走了汉森，就这样汉森既没有被拘留，也没有被起诉。如果不是弗洛斯听说了鲍尔森的遭遇，汉森可能会就此逍遥法外。

在弗洛斯的建议下，警方决定以绑架罪和强奸罪逮捕汉森，但想要申请到逮捕令，光有鲍尔森的口供是远远不够的。于是警方决定从汉森的那两个生意伙伴入手，警方怀疑他们所提供的汉森不在场证明是假的。

警方找到这两个人，并向他们讲述了提供假证词的利害。很快，两人就主动交代了事实。在案发那天晚上，汉森没有与他们在一起，汉森曾请求他们帮助作伪证。于是，汉森被逮捕了，警方还申请到了搜查令。

警方在汉森的住处发现了大量可疑物品：被害人的首饰；还有被害人的驾驶执照和身份证件；一份地图，上面标着一个红色的"×"号，而这个地点恰好是一名被害人的尸体发现地。这些物品都可以作为证明汉森罪行的物证。最关键的是，警方还发现了一支鲁格迷你14型猎枪。弹道分析的结果显示，被害人尸体附近的弹壳与这支猎枪相吻合，也就是说这就是那支杀死被害人的猎枪。

在审讯的过程中，汉森对警方的指控一直否认，即使警方拿出大量的物证审问汉森，汉森也不承认罪行。汉森说，自己家庭幸福、生意兴隆，犯不着去杀人。当警方直接将弹道分析的证据摆在汉森面前时，汉森依旧在狡辩，他说就算那些弹壳是自己猎枪的弹壳，也不能说明人就是他杀的，他只是曾在案发地点练习过射击而已，尸体与弹壳同时出现在一个地方，纯属巧合。

汉森这种抵死不认罪的态度让审讯的警察十分恼火，于是警方一边向汉森出示更多的证据，一边威胁道，如果汉森继续抵赖下去，那么警方就会申请判处他死刑。威胁取得了不错的效果，汉森终于认罪了，他承认自己就是这一系列谋杀案的凶手。

　　根据汉森的交代，他每隔一段时间就会找妓女下手，有时是打电话让妓女上门，有时是开车在街上兜风寻找妓女。按照汉森的说法，他找妓女是为了进行口交，他的妻子是个可敬又体面的女人，他无法要求妻子为自己进行口交。一旦妓女进入汉森可控制的范围内，例如在车上或家里，那么她就会成为汉森的猎物，汉森会用刀或猎枪威胁妓女，让她乘坐自己的私人飞机。汉森会开着飞机将被害人带到一处荒郊野岭，然后哄骗被害人，让被害人乖乖听话，不然就会杀死她，或者将她从事色情服务的事情告诉警察。

　　汉森还为自己的杀人行为进行了辩解，只有那些不配合他的妓女才会被杀掉。一旦被害人被汉森带到荒郊野外，就会非常害怕，会想尽一切办法逃命。这恰恰是汉森最期望的效果，他会在被害人后面从容地追赶，就像平时捕猎一样。当追到被害人时，汉森会将其当猎物一样宰杀。有时候，汉森会用猎刀将被害人捅死，有时候会远距离用鲁格迷你猎枪将被害人射杀。

　　根据汉森的说法，他找了许多妓女来为自己服务，但并未将她们都杀死，如果对方能乖乖听话，按照自己所说的去做，自愿乘坐他的飞机，那么他就会将对方安全送回来。对此警方并不相信，因为妓女在招揽生意的时候，通常希望能尽快结束，这样就能尽快开始下一单生意。答应嫖客去一个陌生的地方，是很危险的，这是许多妓女都知道的常识，就连只有17岁的鲍尔森也知道这样做很危险。所以妓女根本不像汉森说的那样，会自愿乘坐他的飞机。

　　后来汉森还交代了更多命案，并带着警察找到了许多具被埋藏起来的尸体。1984年12月，汉森被判处了数项终身监禁外加461年徒刑，不得假释，这意味着他的余生将要在监狱中度过。2014年8月，汉森在狱中病逝。后来，汉森案件还被改编成了电影《冰结之地》。

　　小时候，汉森是个安静腼腆的男孩。汉森的父亲是个脾气火爆的面包师，为此汉森与父亲的关系很糟糕。汉森从小就染上了偷窃的坏习惯，即使有钱了，他还会去偷窃。对于汉森来说偷窃不单单是为了获得自己想要的东西，更是为了体验行窃时的刺激感。

到了青春期，汉森的脸上长满了粉刺，这是一种十分严重的皮肤病，导致他后来脸上留下了许多麻子。对于一个青春期的男孩来说，如果脸上长满了青春痘，再加上有说话结巴的毛病，那么他极有可能会受到同学们的嘲笑，尤其是女同学，于是汉森开始出现人际交往障碍。这也导致了汉森的自卑，从而让他对女性充满了敌视。

也就是从那个时候起，汉森开始沉迷于打猎，并通过打猎来逃避现实。汉森在当地的名气很大，是个十分出色的猎人，还曾用石弓放倒了一只多尔野羊。汉森本人对自己的打猎技能也十分自豪，他的住处里到处是他狩猎的战利品，例如各种动物的头颅、羊角、鹿角，地板上还有动物的皮毛。

1960 年，汉森因放火烧了一个高中的车库而被判处 3 年监禁。在监狱服

刑期间，汉森接到了第一任妻子的离婚协议。20个月后，汉森获得了假释。在之后的几年内，汉森总因为小偷小摸的行为被警方逮捕。

1963年，汉森开始了第二段婚姻。婚后，妻子为汉森生下了一儿一女。1976年，汉森一家人来到了阿拉斯加州安克雷奇市并在这里定居。

在安克雷奇市，汉森表面上是个家庭美满、事业有成的普通公民，但实际上却在不停地触犯法律，例如经常开着车到处骚扰女性，他因此经常被警察拘留。来到安克雷奇市一年后，汉森因盗窃罪被逮捕，并被诊断患有躁郁症。

后来，汉森开始频繁召妓。妓女很容易被汉森引诱到车上或家里，因为汉森给出的报酬很高。在汉森看来，杀害妓女是一种十分正当的行为，他觉得像妓女、艳舞女郎这样低贱的女人就应该被杀死，他标榜自己从来不会去伤害正派的女人。这种道貌岸然的说辞并不能改变他恶魔的本质。

【青春期的阴影】

在系列连环杀人案件中，连环杀手常常会找妓女下手，这与她们特殊的职业密切相关。妓女不仅容易被引诱，而且妓女失踪后，通常不会引起民众和警察的注意，因为妓女的行踪本来就很难确定。所以当妓女失踪了，除非她的尸体被人发现了，不然不会有人关心她的死活。

最初汉森在杀人的时候，只是将被害人杀死，然后将尸体用私人飞机运到荒郊野岭并丢弃。后来，汉森开始将被害人当猎物一样追杀，他十分享受整个猎杀的过程，猎杀人所带来的刺激感要远远高于猎杀动物。

汉森会将被害人带到一处人迹罕至的树林中，然后让被害人赤身裸体地奔跑，自己则在后面追捕、进行猎杀。汉森曾这样形容整个过程——"追踪猎物最令人刺激"。

在汉森看来，自己杀人并非仇视女性，只是在消灭妓女这样低级的女人。但从心理学的角度来看，杀害妓女的行为是一种十分常见的报复全体女性的方式。汉森在提到自己的青春期时曾这样说："中学时，我的长相和说话方式很特别，当我打量某个女孩子的时候，她总会像受到羞辱一样将头扭开。"或许正是因为女同学这样对待汉森的方式，让汉斯的自尊心严重受损。

同龄人对每个人来说都十分重要。从很小的时候起，我们就开始感受到来自周围人的压力，尤其是同龄人的压力。每一所学校、每一个班级，都存在小团体的现象，每个人都渴望能融入某个团体中，因为我们需要朋友。

与同龄人的相处是每个人成长过程中必不可少的功课，在与同龄人相处的时候，每一个人会开始社会化；从与朋友相处的过程中学会合作、竞争、享受和自我控制的能力。但是很多连环杀手都没有朋友，例如汉森。

青春期的少男少女都是敏感的，十分在乎别人对自己的看法，尤其是同龄人。可是汉森在青春期却因为相貌和口吃被同学们排挤，这是否是促使汉森成为连环杀手的关键原因所在呢？

校园欺凌现象是一种十分常见的现象，许多人在上学期间都有过被排挤、欺辱的经历。这的确会给人带来心理创伤，例如出现抑郁、焦虑和惊恐等心理疾病。有些人会想象着，那些欺负自己的人都死掉，或者幻想着将他们都杀死，但他们不会付诸实际行动,或者只有极少一部分人会选择这样极端的报复方式，被同龄人拒绝的人的确会充满了攻击性。

随着年龄的增长，绝大多数的人都能从遭受欺凌的心理创伤中走出来，尤其是像汉森这样的人，成年后有幸福美满的家庭、事业有成。许多人虽有过被欺凌的经历，却还是守法公民，更别说成为一个恐怖的连环杀手了。因此被同龄人排挤的青春期经历不应该为汉森接连制造系列女性谋杀案的残忍行为买单。

值得注意的是，汉森从小就有行为问题，他有偷窃的坏习惯，他不单单是想要得到这些物品，更是享受偷窃所带来的刺激感。后来汉森开始从打猎和猎杀妓女中寻求这种刺激感。汉森会成为连环杀手，是因为他拥有犯罪人格，他的思维模式与常人不同。

Criminal Psychology

用人肉喂养的猪——

罗伯特·彼克顿

从 20 世纪 80 年代起，温哥华东区开始频发妓女失踪案。这里是加拿大最脏乱的地方，贫穷且混乱，到处都是贫民窟，比世界上任何一个地方的贫民窟都要糟糕。这里聚集着许多妓女，妓女大多是瘾君子，用卖淫所得的钱来购买毒品。因此，这里肮脏不堪的街道和巷子中到处都是避孕套和注射针头。这里是加拿大艾滋病感染率最高的地方，安全性行为对于这里来说是一种幻想。

1983 年，一个名叫丽贝卡·格诺的 23 岁妓女失踪了。警方接到失踪人口的报案后，立刻展开了调查。有目击者表示，曾在 3 天前见过丽贝卡。由于线索很少，这起失踪案很快就被搁置起来。接下来失踪的妓女是切丽·雷尔，43 岁。她在失踪 3 年后才被警察确认为失踪人口。33 岁的爱莲·奥尔巴斯也失踪了。奥尔巴斯的朋友告诉警方，奥尔巴斯曾打算搬到西雅图居住，之后她就失踪了，也没有在西雅图出现过。1992 年 6 月，39 岁的黑人妓女凯思林·瓦特利失踪并在警察局立案。在这之后，当地警察终于松了一口气，不再被报告人口失踪的电话所骚扰了。1996 年，警方又接到了报告失踪人口的电话。

1998 年，当地警方收到了一份女性被害人的名单，这是温哥华东区的居民寄出的，他们希望警方能重视接连发生的失踪案，并尽快进行调查。警方在研究这份名单的时候发现了许多错误，有些人因病或吸毒过量而死，有些人并未死亡或失踪，只是离开了温哥华东区。随后警方就将这份名单搁置起来了。

戴夫·迪克森是警察局的一员，他十分重视这份名单，并按照名单进行调查。根据调查的结果，迪克森列出了一份新的失踪女性名单，名单上的女性都莫名其妙地失踪了。迪克森将这份名单递交给上司后，警察局立刻重视起这份名单来，还专门成立了特别行动小组，负责调查妓女失踪人口案。

虽然有了名单的指引，但警察在调查的时候还是觉得无从下手。这些妓女不仅失踪了很长时间，而且还来自温哥华各种不同的社会阶层和区域，调查起来十分困难。为了缩小调查范围，特别行动小组的警察决定从 1995 年的失踪人口开始调查。

随着调查的深入，警察发现了更多的失踪妓女，失踪名单上的人数越来越多，而且失踪时间大多集中在 1983 年到 2001 年。有的警察开始怀疑，这些失踪妓女都被同一个人杀害了，在温哥华东区隐藏着一个残忍的连环杀手。调查小组中的金·罗斯莫就有这样的怀疑。

罗斯莫在研究这些失踪案的时候，觉得很不寻常，他做出了一个大胆的假设，这些失踪者都被同一个人杀害了。当罗斯莫将这种猜想报告给上司的时候，不仅没有得到重视，反而被降级处分了。最后，罗斯莫只好离开了调查小组。有的警察怀疑，失踪的妓女可能被骗入了一个犯罪集团，并被带到了国外。有的警察认为，这些妓女都被过路的长途汽车司机给杀掉了。当然这些只是怀疑，警方对外的公开声明是，失踪的妓女找到了新的发财之路，所以离开了温哥华。

之后，警方一直在致力于调查这些失踪案，但工作进行得十分缓慢。失踪的妓女好像人间蒸发了一样，突然消失不见了。如果连环杀人案的假设成立，失踪妓女都被同一个人杀害了，但找不到尸体和作案现场，警方根本无法立案。想要立案，就必须得收集到一些证据，仅凭猜测不行。

警方希望有人在发现可疑的迹象后能主动向警方报告。但是目击者，也就是最后一个见到失踪者的人或者是失踪者的朋友等，都不愿意配合警察的调查工作。他们大多从事非法的卖淫业，警察对他们来说就是敌人，他们担心在给警方提供线索的时候，不小心说错话，被警察抓住把柄，从而招来牢狱之灾。

虽然有目击者向警方提供了嫌疑人，但让警方头疼的是目击者没有提供嫌疑人具体的名字和详细地址。例如，在温哥华东区的青少年活动社团就给了警方一个登记簿，上面都是一些被威胁或袭击的妓女的报告，但是袭击者的资料很少，甚至连名字也没有，警方根本无从着手。

警方的调查工作虽然进行得十分缓慢，但并不是毫无收获。警察发现失踪人口名单上的女性也不是全都消失不见了，有5名女性被找到了。有的确实已经变成了尸体，但也有人依旧好好地活着。但是其他失踪人口的调查却毫无进展。不仅如此，失踪人口还在不断地增加。

一些曾攻击过妓女的人被警方列为嫌疑人。但当警方希望受袭妓女控告或在法庭上指认嫌疑人的时候，却遭到了妓女的拒绝。没了人证，警方只好放走了嫌疑人。不过嫌疑人的名字却上了警方的黑名单，如果再次出现妓女失踪案，这些嫌疑人自然会成为警方的重点怀疑对象。

36岁的迈克尔·利奥波德是警方的重点怀疑对象。1996年，有人在街上看到迈克尔在殴打一名妓女，还往妓女的嘴里塞橡皮球。路人威胁说要报警，迈克尔才停止了殴打，逃走了。

3天后，迈克尔主动来到警察局自首。在审讯的时候，迈克尔说自己经常幻想着绑架、强奸和杀害妓女，但从未采取过行动。这让警察觉得迈克尔的精神状态似乎有些不正常，就为迈克尔请来了一名精神医师，为他进行诊治。

最终，迈克尔的嫌疑被排除了，警方认为迈克尔与这些妓女失踪案没有关系。后来迈克尔因恶意袭击他人、审讯期间态度恶劣，被判处了14年监禁。

1998年年末，警方接到了一个目击者的报警电话，报警者是37岁的比尔·黑斯科克斯。比尔通过阅读报纸得知了温哥华妓女频繁失踪的事情，他联想起了自己的雇主罗伯特·彼克顿。

罗伯特与他在科奎特兰港的兄弟大卫在温哥华东南面经营着一家废品回收厂，比尔就在这里工作。在比尔看来，罗伯特是个不错的老板，就是不喜欢与人交流。比尔虽然在废品回收厂工作，但工资却得到科奎特兰港的养猪场去领取。

这家养猪场的主人是罗伯特。比尔对养猪场的印象十分深刻，这里除了肮脏不堪外，还有会攻击人的猪。这里的猪只要见了人，就会追着咬。

比尔总觉得罗伯特有什么见不得人的秘密。比尔曾注意过罗伯特那辆被改装过的巴士汽车，车窗上都被涂上了很深的颜色。比尔曾在罗伯特的车里发现了许多女人的钱包和身份证。

警方在接到报案后，立刻对罗伯特展开了调查。警方发现罗伯特是个资深嫖客，经常到温哥华东区找妓女。罗伯特还有一个慈善基金会，1996 年曾在加拿大政府部门注册过，基金会名叫"小猪宫殿好时光社团"。

养猪场一间经过改装的房子就是小猪宫殿好时光社团的活动场地，这里常常会举行一些典礼、舞会、展览之类的活动。通常只有妓女来参加，妓女们认为这是一个免费的娱乐场所，可以任由她们喝酒狂欢。

彼克顿兄弟曾在警察那里留有案底。罗伯特·彼克顿因多次交通事故被告上法庭。大卫·彼克顿则因性侵罪被告上法庭，被害人报警说，大卫在养猪场里性侵她。1997年3月，警方接到了一个名叫温迪·林·爱思特的妓女的报案，她说自己差点儿在养猪场里被罗伯特·彼克顿杀死，当时她正沉浸在毒品所带来的快感中，然后就遭到了罗伯特·彼克顿的袭击，所幸温迪成功逃脱了。很快罗伯特·彼克顿就因杀人未遂而被警方逮捕，不过罗伯特在交了2000美元保金后就从监狱里出来了。1998年1月，关于罗伯特·彼克顿的谋杀指控也被取消了。

在比尔的带领下，警察来到了罗伯特的养猪场。在这次搜查中，警察并未发现可疑之处，于是很快就离开了。之后警方再次对养猪场进行了搜查，依旧毫无收获。于是警方只能将彼克顿兄弟当成两个嫌疑人。与此同时，妓女失踪案一直在发生，由于妓女的工作性质和居住环境都比较特殊，警方根本无法对她们进行保护。许多妓女在得知一些妓女失踪的消息后，开始担心起自己的生命安全，她们害怕自己已经被连环杀手盯上了。

2002年2月，警方以非法窝藏枪支为由突然来到了罗伯特的养猪场，并展开了搜查工作，这是一个下着雨的夜晚，天气十分糟糕。在搜查过程中，警察发现了一些人体的残骸，这立刻让警察警惕起来，开始仔细搜查养猪场。

养猪场里停着一辆房车，警察在房车里看到了一个冰箱。打开冰箱后，警察先看到了两个塑料桶，当他们向塑料桶内查看的时候，眼前的一幕让他们吓了一跳，那里面有一颗被劈开的头颅，还有一些左右手和左右脚的残肢。

警方怀疑养猪场的地下应该埋藏着许多被害人的尸体，于是就开始挖掘，当挖到地下数米深后，发现了大量的残骸，有动物的也有人的。警方根据

DNA 和牙科检测确认了死者的身份，还在罗伯特一把小口径手枪上发现了被害人的 DNA 样本。

抓捕罗伯特后，警方立刻发表公开声明，妓女失踪案已经告破，凶手便是罗伯特。就在当地居民正在消化这个新闻的时候，官方又公布了一条重磅新闻。卫生部门的负责人告诉公众，温哥华的猪肉已经受到了污染，其中可能被罗伯特混入了人肉。就算是猪肉也不是干净的，因为罗伯特养猪场的猪大多是吃人肉长大的，警方在锯木机上发现了人类的残骸，罗伯特应该是把被害人的尸体做成了猪食。一时间，猪肉成了温哥华的禁忌话题，再也没有人购买猪肉了。

被逮捕的罗伯特在接受审讯时，显得很镇定，一直声称自己是清白的，那些妓女的死和他完全没有关系，他还花钱为自己请了律师。罗伯特的律师认为，养猪场的残骸并不能说明罗伯特就是凶手，警方还得提供更多的证据。很快，警方就找到了两名证人。

第一名证人是个妓女，名叫林恩·艾莉森。艾莉森和在温哥华东区卖淫的妓女一样，吸食毒品。罗伯特是个慷慨大方的嫖客，经常为艾莉森提供毒品，她与罗伯特的关系非常不错，经常到养猪场吸食毒品。

一天夜里，艾莉森吸食毒品后就睡着了。深夜时分，艾莉森突然醒来，她看到了一丝光亮，觉得很好奇，就准备去看看。眼前的景象吓坏了艾莉森，她看到了一具被吊起来的女尸。面对警方，艾莉森回忆起这恐怖的一幕时表示，她印象最深刻的是女尸的脚趾上还涂着红色的指甲油。艾莉森立刻逃走了，从此她再也不与罗伯特来往了，由于害怕，当时艾莉森没有报案，只是强迫自己忘掉这一幕。

罗伯特的律师认为艾莉森的证词并不可信，因为当时她吸食了毒品，所看到的一切很可能是在毒品作用下出现的幻觉，并不真实。

那么，罗伯特为什么不杀死艾莉森呢？因为罗伯特已经将艾莉森看成了自己的朋友，他的朋友本来就少，他应该很珍惜与艾莉森之间的友谊。犯罪专家认为，大部分连环杀手都不会向朋友的家人下手，他们更喜欢找陌生人下手。

第二名证人是泰勒，她是罗伯特的朋友，同时还是帮凶，她会到收容所引诱一些年轻女子到罗伯特的养猪场参加聚会。只是这些年轻的、无家可归的女子再也没有回来过。

警方还提供了一个犯人的证词，这个犯人和罗伯特待在同一座监狱里。虽然在接受警方的审讯时，罗伯特矢口否认自己杀人，但当他被关进监狱后，却忍不住向这名犯人吹嘘自己的"光荣事迹"，他还说自己的杀人目标是50人，还差一个人他就能完成这个目标了。

2004年9月22日，不列颠哥伦比亚省新威斯敏斯特市一家法院开庭审理罗伯特的案件。在正式开审之前，法庭认为罗伯特的作案细节得保密，媒体不能详细报道，这么做是为了保障罗伯特的权利，以免陪审团受到媒体宣传的影响，在最终做出决断时，有失公正。

在进入法庭之后，罗伯特被愤怒的被害人家属吓坏了，许多被害人家属的情绪都十分激动，要求判处罗伯特死刑。幸好有警察的保护，不然罗伯特一定会被愤怒的家属殴打致死。除了被害人家属外，许多人都十分关注这场审判的结果，毕竟罗伯特是加拿大历史上最残忍的连环杀手。

罗伯特从小就在养猪场长大，他有一个兄弟和一个姐姐。罗伯特的姐姐从小就被父母送到亲戚家抚养，父亲觉得养猪场的生活不适合女孩子。

罗伯特和兄弟大卫从未感受过母爱，他们的母亲认为孩子就是用来帮助父母干活的。母亲从来不会为罗伯特和大卫清洗衣服，他们身上不仅很脏，还总有一股猪粪的臭味，周围的孩子都不愿意和彼克顿兄弟玩耍。

在学校，罗伯特没有朋友，他被同学们排挤，老师也不喜欢他，他的学习成绩很差。罗伯特不喜欢学校的生活，他经常逃学，为了避免被父母责骂，罗伯特会在自家的床底下躲起来，等到放学时间到了再爬出来。

罗伯特在干农活的时候十分卖力，他还用自己干活挣到的钱在一次拍卖会上买下了一头小牛。对于罗伯特来说，小牛是他的宠物和朋友，他每天放学后都会兴冲冲地跑回家喂小牛。有一天，罗伯特放学后发现小牛不见了，就去询问母亲。罗伯特在母亲的指引下找到了小牛，只是小牛已经死了，这给罗伯特造成了巨大的打击。

14岁时，罗伯特离开了学校，到一家屠宰场当学徒。罗伯特很喜欢屠宰场的工作，并且发现自己具有解剖动物的天赋。离开屠宰场后，罗伯特听从了母亲的建议，留在农场干活。

不久之后，罗伯特家里发生了一件大事。一天，大卫匆匆忙忙回家，告诉母亲他闯祸了，他在开车的时候不小心撞到了一个小男孩。母亲听后没有丝毫的慌乱，她让大卫放心将此事交给自己处理。

这个女人来到了车祸现场，她看到了那个被撞得昏迷的小男孩，上前直接把小男孩推到了附近的河里。最终，警方认为小男孩死于意外溺水。罗伯特的母亲回到家中后告诉两个儿子，她已将问题完美地解决掉了。这件事情给罗伯特造成了十分严重的影响，直接促成了罗伯特反社会人格的形成。

成年后，罗伯特开始流连于酒吧和妓女聚集地，在这里他觉得自己受到了尊重，他十分喜欢这种感觉。罗伯特在妓女中间非常受欢迎，因为他是个出手很大方的嫖客。于是罗伯特过上了双重的生活。白天，罗伯特在养猪场干活，是个没有人愿意搭理的人。到了晚上，罗伯特就会出现在酒吧里，成了一个受妓女欢迎的贵客。

1978 年，罗伯特家里再次发生了一件大事，这对罗伯特来说是个不小的打击。罗伯特父母的健康状况变得糟糕起来，他的父亲先去世了。不久之后，罗伯特的母亲患上了癌症。那段时间，罗伯特每天都守在母亲身边，照顾母亲的饮食起居，但 3 个月后，罗伯特的母亲还是因癌症去世了。

父母去世后，罗伯特和大卫还有姐姐一起分割了父母留下的微薄遗产。罗伯特得到了父母的养猪场，很快养猪场里就来了许多妓女，她们都是被罗伯特引诱来的。罗伯特告诉她们，他的养猪场里有免费的毒品。后来，罗伯特的养猪场土地开始变得值钱起来，罗伯特的生活越来越富裕。有了钱之后，罗伯特就更加容易骗到妓女。渐渐地，罗伯特将自己对妓女的性欲转变成了支配欲，最后直接演变成了杀人欲。养猪场因此变成了人类的屠宰场。

【性功能障碍与仇视女性】

作为加拿大历史上最凶残的连环杀手，罗伯特为什么会犯下如此残忍的罪行呢？美国犯罪专家迪亚兹认为这与罗伯特身患性功能障碍是密不可分的。罗伯特杀害了 49 名妓女，这些被害人的尸体，被罗伯特直接肢解了，甚至还剁碎混进了猪食中。这种处理尸体的方式不仅残忍，还带有很强的侮辱性。从罗伯特处理尸体的方式中可以看出，他不仅有精神问题，还因为性功能障碍仇恨女性。

罗伯特如此仇恨女性，除了性功能障碍外，还与他的母亲有着密切的联系。罗伯特的母亲是个比较强势的女性，他很可能遭受过母亲的虐待，尤其是精神虐待，例如他心爱的小牛被母亲杀死。

对于一个正常人来说，性行为都是正常的，最起码不会建立在伤害对方的基础上。但有些人会出现性变态，尤其是连环杀手。比较常见的性变态行为有恋物癖、露阴癖等。但这种性变态对连环杀手来说却有点儿小儿科，连环杀手的性变态往往是极端的、恐怖的，在他们看来，折磨和杀害被害人是性行为中必不可少的一部分，如果没有这个部分，连环杀手就不会得到性满足。有的连环杀手同时还是恋尸癖，会对尸体产生性欲。

罗伯特通常会找妓女下手，这样很容易得手，只要罗伯特出钱或免费提供毒品，妓女就会答应和他去养猪场。到了养猪场，妓女就会成为罗伯特的猎物。再加上妓女的失踪不会引起人们的注意，罗伯特在杀死了那么多妓女后也没被警方抓住，幸好有目击者向警方提供线索，才让这个恶魔落入了法网。

Criminal Psychology

模范犯人回归之后——

亚瑟·肖克罗斯

从 1988 年 2 月至 1989 年末，罗切斯特市杰纳西河附近先后出现了 11 具女性尸体，其中有 10 名被害人是妓女。有的被害人是被勒死的，有的被溺死，还有被殴打致死的，虽然被害人的死因各异，但她们的尸体却有一个共同的特点，即部分人体组织有被割掉的痕迹。正是这个共同点让警方坚信这是一起连环谋杀案，凶手是一名男性变态连环杀手。

警方分析认为凶手仇视女性，很可能会做出重返抛尸现场重温快感的行为，于是警方在最后两处尸体现场布下埋伏，等待凶手的出现。

1990 年 1 月 3 日，抛尸现场出现了一个可疑的男子，该男子将车停到桥上后就不动了，这引起了警察的怀疑，因为从汽车的角度看，男子正好可以通过车窗看到整个抛尸现场，显然他很可能在回忆谋杀或抛尸过程，这会让他产生巨大的快感，不过他并不知道自己正在被警察监控着。不一会儿，男子发动汽车并加快了速度，他好像觉察到了一丝异常。

当警察追上他，质问他为什么会出现在抛尸现场时，该男子说他开车经过此地时突然想上厕所，当看到警方的直升机后就没下车，在车里尿到了一个矿泉水瓶里。警察当然不相信他的话，立刻将他抓捕，在之后的讯问中警方了解到该男子的名字叫亚瑟·肖克罗斯，曾两次入狱。

肖克罗斯将自己的工作、妻子以及两次入狱的前科都告诉了警察，却根本没有提到被害的 11 名女性。之后警方将肖克罗斯带到了杰纳西河附近的红灯区，那里的妓女们认出了他，肖克罗斯是红灯区的常客。

肖克罗斯第一次入狱是因为纵火，他在 1969 年放了两把火，烧掉了一家造纸厂和一家奶酪厂，因此被判刑5年。

在服刑期间，肖克罗斯曾遭遇了性侵犯。这段经历对肖克罗斯来说十分糟糕，他一心想要为自己复仇，之后他找机会分别性侵、殴打了曾强奸过他的3个人。1971年，肖克罗斯获得了提前释放，因为他在之前的一次监狱暴乱中救了一名狱警。

出狱后，肖克罗斯想要重新开始生活，但他的精神状态根本不允许他过上正常人的生活。他与一头野兽无异，不仅暴躁易怒，而且随时准备攻击他人。

肖克罗斯回到家乡，并找了一份干杂活的工作。不久之后，肖克罗斯认识了一个单亲母亲，她名叫佩妮·妮可，是肖克罗斯姐姐珍妮的校友，离婚后独自带着两个孩子生活。很快肖克罗斯就和佩妮结婚了，这是肖克罗斯的第三段婚姻。

在婚后的几个月内，肖克罗斯与佩妮相处得十分融洽，佩妮还怀孕了，但不幸流产了。没过多久，肖克罗斯的岳父岳母就搬来和他们居住在一起，实际上岳父岳母是为了监视肖克罗斯的一举一动，肖克罗斯曾试图性侵佩妮的妹妹。尽管肖克罗斯对此强烈否认，但岳父岳母就是不相信他。

肖克罗斯似乎很喜欢钓鱼，他总会在空闲时间去河边钓鱼。于是，肖克罗斯认识了许多经常在河边玩耍的孩子，有一个名叫杰克·布莱克的10岁男孩与肖克罗斯走得很近，他们经常相约一起去钓鱼。

有一次，肖克罗斯出现在杰克家，他询问杰克的母亲是否能让杰克与自己一起去钓鱼，但遭到了对方的拒绝。肖克罗斯并未失望，只是很礼貌地说了一句让对方摸不着头脑的话："你的决定是对的。"

4个月后的一天，杰克很晚都没回家，他的母亲很担心他，就到处寻找杰克。她找到了肖克罗斯，并询问他是否见过杰克。肖克罗斯说他没有见过杰克。

事实上，杰克母亲的担心是对的，杰克已经被谋害了。在杰克失踪的那天早上，他和肖克罗斯相约一起去钓鱼。当他和肖克罗斯来到一片人迹罕至的树林后，肖克罗斯露出了野兽的一面，他逼迫杰克在丛林中逃命，自己则在后面追赶。当肖克罗斯追上杰克后，就杀死了他。

3个月后，当地再次发生了一起儿童遇害案，当时杰克遇害案还在调查之中。被害人是一名8岁女孩，名叫凯伦·安，她的尸体在一座桥下被人发现。

警察在调查的时候从目击证人那里了解到，凯伦在被害前曾和肖克罗斯一同出现过，这样肖克罗斯的嫌疑就更大了。不久肖克罗斯就被警察抓获，当时他正在凯伦尸体现场吃冰激凌，显然他重回现场是为了体验杀人或抛尸过程的快感。

肖克罗斯有重大嫌疑，他极有可能是杀害杰克和凯伦的凶手，但警方并未掌握确凿的、能直接指控肖克罗斯的证据，于是警方只能选择和肖克罗斯达成辩诉交易，肖克罗斯同意承认罪行，但警方只能以误杀凯伦的罪名起诉肖克罗斯。最终肖克罗斯被判服刑25年。

肖克罗斯服刑的监狱在纽约州，这是他第二次进入监狱。监狱里关押着形形色色的犯人，他们都不是良善之辈，不过他们有一个共同特点，即看不起虐待或杀害儿童的犯人，因此肖克罗斯经常遭受犯人们的殴打。在刚刚进入监狱后不久，肖克罗斯就开始频繁出入医务室。为了避免遭受其他犯人的欺辱，肖克罗斯拒绝走出自己的牢房，他认为只有这样才能保护自己。渐渐地，肖克罗斯开始习惯待在牢房里的生活，他开始学习修锁和园艺来打发时间，还成了监狱里的模范犯人。

在狱中，肖克罗斯在与精神科医生见面时，曾提及自己在越南的经历，在他看来，这是自己出现暴力倾向的根源所在。越南战场上的杀人经历激发了肖克罗斯内心深藏的兽性，从那以后他发现自己越来越控制不住地想要杀人。但由于肖克罗斯没有出现幻觉和知觉错乱，精神科医生认为肖克罗斯并不符合精神病人的标准。

杰克遇害案虽然是肖克罗斯在美国境内犯下的第一起命案，但这不是他第一次杀人。他曾在越南杀死了几名女性，其中既有越南女人，也有几名亚洲妓女，其中最小的被害人只有 11 岁。

1968 年，肖克罗斯选择了参军，此时他 23 岁，他成了越南战场上的一名弹药供给员，他的工作就是随同直升机一起给各处部队运送枪支弹药。起初肖克罗斯被残酷的战争吓坏了，他从未见过这种血腥的杀戮场面。但很快，肖克罗斯就适应了战场上的生活，甚至开始享受杀戮。在他看来自己就是一个猎人，而猎物则是敌对的越南人。有时候，肖克罗斯甚至会独自到丛林中寻找敌人。

一次，肖克罗斯在丛林中发现了两名越南女子，这对他来说是绝佳的猎物。肖克罗斯开枪打中了其中一名女子，然后抓住另一名女子，将她绑在树上。之后，肖克罗斯当着这名女子的面用十分残忍的方式杀死了中枪的女子，并将尸体放在非常显眼的地方以便敌人发现。绑在树上的女子吓坏了，不久她被肖克罗斯强奸并杀害。

之后，肖克罗斯又接受了多名医生的心理测验，测验结果显示肖克罗斯的反社会倾向十分明显，有反常的性格缺陷，而且具有慢性的、潜伏期长的特点。尽管多名医生都表示肖克罗斯有反社会倾向，但他依旧是监狱里的模范犯人。在狱警们看来，肖克罗斯不仅温和无害，还具有不错的学习能力，肖克罗斯在监狱里自学了高中课程，并得到了大学的录取通知书。

1987 年 3 月，肖克罗斯获得了假释，假释委员会认为肖克罗斯这样的模范犯人已经具备了适应和重新融入社会的能力，因此他们决定让肖克罗斯出狱。后来发生的 11 起谋杀案证明这是一个非常草率的决定。

出狱后，肖克罗斯来到了布鲁姆镇，他本想回到故乡，但遭到了沃特敦政府和居民的抵制，他们认为肖克罗斯就是一个潜在的威胁。事实证明他们做出了一个十分正确的决定。

虽然获得了假释，但肖克罗斯并未获得完全的自由，他的行为被严格限制，晚 11 点到次日早上 7 点必须待在住所，严格禁止外出。他还被禁止与 18 岁以下的青少年有任何接触、禁止出现在学校等儿童聚集的地方、禁止饮酒。

不久，布鲁姆镇的居民就知道有个残杀儿童的罪犯来了，他们向政府提出了强烈抗议。在民众的施压下，政府只能将肖克罗斯赶走。

肖克罗斯在被布鲁姆镇政府驱逐后不久就住进了一个名叫罗斯·沃利的女子家中。罗斯一直非常仰慕肖克罗斯，在肖克罗斯服刑期间曾多次写信表达自己的爱慕之情，两人也一直保持着通信。罗斯曾表示如果肖克罗斯出狱了，可以来找她，两个人可以一起生活。两人同居后不久，就搬到了罗切斯特市居住。最终，肖克罗斯定居在罗切斯特市，并找了一份包装沙拉盒的工作。

或许是受到了罗斯的影响，肖克罗斯的生活开始步入了正轨，他开始和家人联系，并且每年都给家人寄圣诞礼物。对于肖克罗斯的家人来说，他们根本不想与肖克罗斯联系了，毕竟肖克罗斯给他们的生活带来了极大的困扰，所以当肖克罗斯邀请他们来认识一下自己的妻子罗斯时，他们拒绝了。这让肖克罗斯既失望又愤怒，当他得知自己的圣诞礼物都被家人当成垃圾扔掉后，肖克罗斯变得怒不可遏。

不久之后，肖克罗斯出轨了，他与一个名叫克拉拉·尼尔的女人发展成了地下情。当罗斯质疑肖克罗斯与克拉拉走得太近时，肖克罗斯解释说他只是为了借用克拉拉的车。肖克罗斯没有撒谎，他总是驾驶着克拉拉的车在杰纳西河附近的一处工业废地晃荡，这里是廉价妓女和毒贩子们的聚集地。不久肖克罗斯就在这里的红灯区混熟了，妓女们都认识他，知道他名叫米奇。

1988 年 2 月的一个晚上，肖克罗斯开车来到杰纳西河附近晃荡，他被一名妓女多罗西娅·布莱克本搭话，之后两人达成了交易，他付给她 30 美元，让她为自己服务。他开车载着多罗西娅来到一处仓库。

在两人发生性关系的过程中，多罗西娅咬伤了肖克罗斯，他立刻被激怒了，他用力掐住多罗西娅的脖子，直到对方昏了过去。然后肖克罗斯开车带着她去了河边，来到了自己经常钓鱼的地方。当肖克罗斯试图强奸她的时候，突然无法勃起，因此遭到了多罗西娅的嘲笑。恼羞成怒的肖克罗斯威胁她立刻闭嘴，不然就杀了她。但多罗西娅根本没有停止，于是她被肖克罗斯掐住脖子，最终停止了呼吸。杀害多罗西娅后，肖克罗斯一直坐在车里，直到天快亮了，他才开始抛尸，他将多罗西娅的尸体包裹好，扔到了杰纳西河里。

抛尸后，肖克罗斯回到了红灯区并找了个咖啡店休息，他发现根本没人在意多罗西娅的失踪，这让他很满意。在咖啡店待了将近一个小时后，肖克罗斯回到车上开始清理可疑物品，他将女子的衣服和其他东西都扔进了垃圾桶，之后将车还给了克拉拉。

3 月 24 日，有人在杰纳西河的下游发现了一具被冰覆盖的尸体，这是多罗西娅的尸体。警方除了发现多罗西娅的尸体部分组织被割掉外，没找到任何有价值的线索，因为覆盖在尸体上的冰毁掉了所有线索。

这次杀人的经历让肖克罗斯觉得很兴奋，在之后的几个月内他一直很安分，直到他被老板解雇，当老板发现肖克罗斯的前科后决定不再雇用他。这让肖克罗斯十分愤怒，他再一次产生了杀人的冲动。

肖克罗斯出狱后杀害的第二个人名叫安娜·斯特弗斯，是一名 28 岁的妓女。肖克罗斯在和安娜谈好嫖资后就开车将她带到了一个偏僻的地方。但当两人准备发生性关系的时候，肖克罗斯尴尬地发现自己依然无法正常勃起，他好像有勃起障碍，这让安娜十分意外，她控制不住地开始取笑肖克罗斯，被激怒的肖克罗斯突然抓住安娜的头并用力往地上撞。安娜挣脱肖克罗斯的控制后拼命跑到了河边，但被肖克罗斯再次抓住，随后肖克罗斯将安娜溺死在河里。这次的杀人经历让肖克罗斯彻底迷上了杀人所带来的快感，他开始到处寻找猎物。

凯勒是一家餐厅的服务员，59岁，她是在自己工作的饭店与肖克罗斯认识的，并发展成了地下恋情。在凯勒被害的当天，她在路上遇到了肖克罗斯，当时肖克罗斯正准备去钓鱼，便邀请凯勒一同前往，凯勒答应了。

起初，肖克罗斯和凯勒只是在钓鱼。到了中午时分，突然下起了雨，两人只能到棚子里躲雨。之后，凯勒得知肖克罗斯不仅有妻子，还有几个情人，于是两人发生了激烈的争吵，凯勒威胁肖克罗斯要将他的丑事说出去。愤怒中的肖克罗斯就随手拿起身旁的棍子打死了凯勒，并将凯勒的尸体用树枝掩埋起来。几个月后，肖克罗斯回到案发现场，他挖出凯勒的尸体后肢解了她的尸体并将部分尸体丢弃在杰纳西河里。最后，凯勒的尸体被渔民发现。

帕蒂·艾维斯是第四名被害人，25岁。她在与肖克罗斯发生性关系后，试图偷走肖克罗斯的钱包，肖克罗斯发现后就勒死了她，并将尸体藏在一处建筑工地中。

两个月后，22岁的弗朗西丝·布朗被害。按照后来肖克罗斯的供词，他杀死弗朗西丝完全是一次意外，当两人交易时，他不小心堵住了弗朗西丝的呼吸，当他意识到时，弗朗西丝已经窒息而亡。

接二连三的命案让警方变得警惕起来，他们开始怀疑凶手是同一个人，是一名丧心病狂的连环杀手。媒体也十分关注这些连环命案，并称凶手是"罗切斯特午夜尾随者""杰纳西河杀手"。有人甚至认为这些命案是绿河杀手在跨州作案，毕竟凶手的作案手法与绿河杀手十分相似。

琼·斯托特是一名智力有点低下的 30 岁女子，与肖克罗斯的妻子罗斯是好朋友，经常到肖克罗斯家中做客。在斯托特遇害的当天，肖克罗斯看到斯托特一个人坐在河边，就邀请她与自己一同骑行。后来，当肖克罗斯试图与斯托特发生性关系时，斯托特尖叫起来，于是肖克罗斯就用手捂住了斯托特的口鼻，直到斯托特被闷死。

22 岁的玛丽亚·韦尔奇在与肖克罗斯讨论嫖资的时候惹恼了他，最终她被肖克罗斯杀害，尸体被扔到了灌木丛中。

11 月 23 日，32 岁的琳达·特雷佩因嘲笑肖克罗斯不像个男人而被杀死。

12 月，伊丽莎白·吉布森被肖克罗斯掳走并杀害。

两周之后，34 岁的琼·西塞罗被肖克罗斯勒死。尽管当时警方已经在案发高峰地带加强巡逻，但还是没有抓到肖克罗斯。

费利西亚·斯蒂芬斯是肖克罗斯杀死的最后一名被害人，她是一名黑人。勒死费利西亚后，肖克罗斯将她的尸体丢弃在上一名被害人的附近。最终警方在这处抛尸地点抓捕了肖克罗斯。

肖克罗斯是一名早产儿，他出生的时候，他的母亲只有 18 岁，父亲只有 21 岁。在肖克罗斯两周大的时候，母亲带着他来到了沃特敦，他的父亲在这里服兵役。

1948 年，肖克罗斯的父母在郊区建了一座房屋，因为这里有同姓亲戚。肖克罗斯从小就是个不同寻常的孩子，他 6 岁时还会尿床，与周围的孩子相比，他总是格格不入。后来，肖克罗斯的弟弟出生了，肖克罗斯变得更加反常，他开始彻夜不归。不过他的父母并不觉得肖克罗斯不正常，他们觉得这只是小孩子博得父母注意的小把戏。

随着年龄的增长，肖克罗斯变得具有攻击性，经常欺负比他小的孩子。在众多的兄弟姐妹中，肖克罗斯与姐姐珍妮相处得非常好，他十分依恋她。

在学校里，肖克罗斯也没什么朋友，他是个怪胎般的存在，几乎不会和同龄人到外面疯玩，常常独自一人坐在教室里自言自语。在老师眼中，肖克罗斯学习成绩虽然属于中上游，却是个问题儿童，因为他总会拿铁棍威胁同学。

到了小学三年级，肖克罗斯出现了更多的行为问题，学习成绩也越来越糟糕。肖克罗斯在接受心理测验时，表现出了对父母，尤其是母亲明显的敌意。

9岁时，肖克罗斯的家中发生了一些变故，他的母亲发现父亲出轨了。母亲将婚姻不幸的所有怒火都发泄到孩子身上，这让肖克罗斯变得更加孤僻和内向。渐渐地，肖克罗斯开始将愤恨发泄在比他年幼的邻居的孩子身上。同时，肖克罗斯开始出现偷东西、私闯民宅、放火等违法行为。

因为学习成绩差，肖克罗斯多次被留级，到了8年级的时候，他已经比班上的同学年长3岁了。此时的肖克罗斯变得更加封闭，他常常独自到树林里通过抽打石头、花花草草来发泄自己的愤恨。

肖克罗斯曾遭遇过一次抢劫，他被一名男子用刀威胁性侵。从那以后，肖克罗斯就患上了性功能障碍，只有通过疼痛和流血的方式才能勃起和达到性高潮。

不久，肖克罗斯就因非法闯入一家百货商店而被警方逮捕，不过警方并未在肖克罗斯身上发现赃物，他很快就被释放了。之后的几年时间内，肖克罗斯一直在街头干些偷鸡摸狗的事情。

19岁时，肖克罗斯结婚了，这是他的第一段婚姻，并没有维持多长时间就结束了。肖克罗斯在服兵役之前，开始了第二段婚姻生活。

从越南战场回来后，肖克罗斯变得异常暴躁，当他发现第二任妻子琳达将自己每月寄到家的钱都挥霍掉并且还和其他男人有染时，肖克罗斯开始殴打妻子。医生建议琳达将肖克罗斯送到精神病院接受治疗，但琳达的信仰让她拒绝了医生的建议。肖克罗斯越来越无法控制自己的行为，他开始变本加厉地殴打妻子，直到因纵火入狱。

当肖克罗斯承认自己杀害了11名女性后，他被起诉了。在辩护律师的建议下，肖克罗斯决定以精神失常为借口躲过刑罚，他开始装疯卖傻。在法庭上，辩护律师提到了肖克罗斯童年遭受母亲虐待、越南战争中目睹血腥的场面，律师声称肖克罗斯患上了创伤后应激障碍，所以才会做出疯狂杀人的行为。肖克罗斯也很配合，他一直沉默着，好像一具没有灵魂的尸体一般。但他并未骗过陪审团，最终他被判处了250年监禁。

【无效的矫治】

在第二次入狱期间，肖克罗斯是个模范犯人，那个时候凡是和肖克罗斯有过接触的人都会认为他已经改过自新，监狱对他来说就好像一所学校一样，他在这里学会了许多技能，还获得了大学的录取通知书。这一切似乎让人看到了犯罪矫治的效果。但事实上，对于像肖克罗斯这样从小就表现出很强攻击性的犯罪人来说，矫治通常是无效的。

在许多人看来，一个人之所以会去犯罪，是因为他缺乏某种技能，例如谋生的技能。在现代社会中，一个人想要获得一种生活技能，学历常常会被优先考虑。许多人认为，一个不错的学历可以帮助一个人找到更好的工作。

犯罪人通常都没有很高的学历，他们在学校的表现往往很糟糕，在老师和同学们的眼中，他们是拒绝学习和遵守规矩的个别人。肖克罗斯也是如此，他不合群，而且因学习成绩糟糕被多次留级。

当犯罪人被关进监狱后，他们会有大把的时间去学习，监狱方也会鼓励犯罪人去学习，监狱方认为这是帮助犯罪人走出监狱、重新适应社会生活的一种不错的方式。因此，许多犯罪人在监狱里所学习到的东西很多，他们常常会利用学习来打发监狱里的无聊时光。肖克罗斯在第二次进监狱后，为了避免被其他犯罪人欺负，总是待在自己的牢房。这种生活只会更加枯燥无味，于是肖克罗斯一头扎进书中的世界，他自学了高中课程，并且取得了大学录取通知书。

在监狱方和假释委员会看来，犯罪人如果能在监狱里获得不错的学历，那么他们走出监狱后就能找到一份不错的工作，他们还认为通过学习可以使一个犯罪人的人格彻底改变，从而成为一个脱胎换骨的全新人物。但肖克罗斯的案例证明，他只是变成了一个有知识的罪犯而已。

为什么矫治工作对像肖克罗斯这样的犯罪人是无效的呢？按照肖克罗斯的说法，导致他疯狂杀人的原因主要有两个，一个是童年遭受的来自母亲的虐待，另一个是越南战场上所目睹的血腥场面。或许有上述因素的作用，但最重要的因素还是肖克罗斯从小就有暴力因子，虐待和参战只是起到了催化剂的作用。

肖克罗斯有一个弟弟，他和肖克罗斯成长于相同的家庭环境，但他并未成为一名连环杀手。经历过血腥越南战争的士兵千千万万，他们也没有像肖克罗斯一样用杀人来发泄愤怒。

矫治工作之所以对肖克罗斯是无用的，是因为他的心理需求异于常人，他从小就拒绝像正常人一样生活，他获得心理满足的方式只有杀戮，这是不被社会所认可的。想要让他像正常人一样拥有社会认可的心理满足方式，那无异于将他的整个灵魂打碎重塑，在他看来，正常人的生活方式会让他觉得生无可恋。

1997 年，在狱中服刑的肖克罗斯与自己曾经的地下情人克拉拉结婚了。在克拉拉看来，她与肖克罗斯相识时并不知道他是个杀人犯，后来虽然知道了肖克罗斯所犯下的罪行，却依然爱他，尽管在众人眼中，肖克罗斯是个十恶不赦的恶魔。

Criminal Psychology

判以千年刑期的杀手——

路易斯·加拉维托

1999年4月，哥伦比亚维森西奥的警方抓住了一名涉嫌绑架、性侵一名12岁男孩的犯罪嫌疑人，他名叫路易斯·加拉维托。加拉维托在绑架被害人的时候正好被一个路人发现并报警。但警方并未立刻抓住加拉维托，他逃走了。几日后，警方将加拉维托抓捕归案，并在搜查加拉维托的住所时发现了一捆可疑的尼龙绳，这种绳子与之前发现的一名被害人尸体上的绳子完全相同，这让警方开始怀疑加拉维托就是凶手。

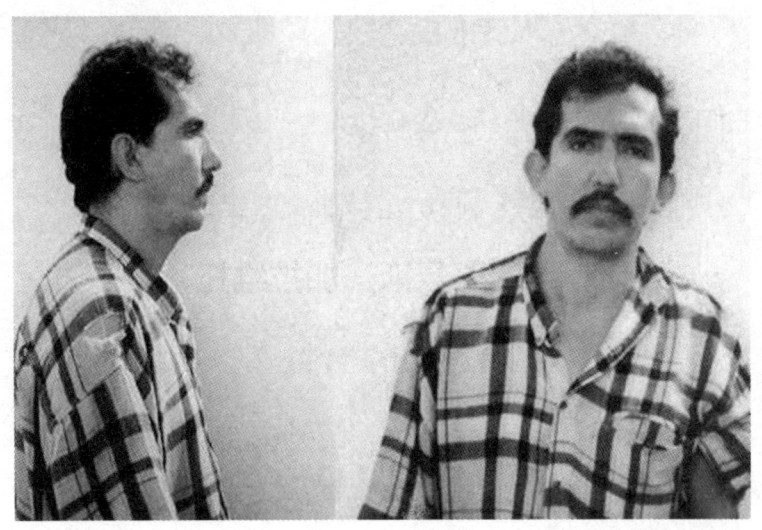

在审讯过程中，加拉维托不仅承认自己就是凶手，还对警方说在过去的7年内他先后奸杀了140名少年儿童，被害人的年龄在6岁到16岁。一个42岁的男人突然承认自己是制造上百起命案的连环杀手，而且在供述罪行时表现得十分冷静，这让警方怀疑加拉维托是否在说谎。

为了证明自己是一名儿童杀人狂，加拉维托十分配合警方的工作，带着警方找到了上百具被害人的骸骨。由于被害人大多是流浪儿童，没有牙医诊疗记录，因此警方无法确认被害人的身份。

加拉维托还向警方提供了一个皱巴巴的本子，上面有一些线条和记号，他说这是自己特殊的记录方式，记录了他杀害少年儿童的一些细节。在加拉维托刚被逮捕的时候，他出现了一些诡异的举动并引起了警方的注意，他的面部表情非常怪异，还总是手舞足蹈地比画着什么。有一次，加拉维托紧紧拿着一支铅笔，并在一张白纸上反复画着儿童的形象。

此外，警方还找到了大量物证，例如 DNA 化验结果、加拉维托遗留在案发现场的鞋子、眼镜、车票和旅馆收据等，这些物证均可以证明加拉维托就是杀害上百个少年儿童的凶手。警方还掌握了一条重要的线索，即加拉维托在旅馆的住宿记录。每当一个地方发生多起儿童失踪、被害案件时，加拉维托都会在附近的旅馆住下。加拉维托的左臂上有文身，在一些目击证人所描述的犯罪嫌疑人特征中，左臂上的文身也和加拉维托相符。在加拉维托承认罪行后，他一直被关押在哥伦比亚东部省城维拉维斯科的监狱中，狱警为了防止加拉维托自杀和防止他被私刑处死，一直对他严加看管。

从 1992 年起，哥伦比亚的街头开始出现儿童失踪案，由于失踪案是全国性的，警方一直怀疑儿童失踪案与一些秘密的巫术宗教团体有关。警方还找到了 95 名嫌疑人，并开始集中调查其中 3 个具有重大嫌疑的对象。

由于当时哥伦比亚经历了数十年的内战，许多儿童没有监护人，只能在街头流浪，所以他们失踪了也不会引起人们的重视。直到 1997 年，警方才开始重视频发的儿童失踪案，因为警方在郊外偶然发现了一个大型白骨坑，里面的遗骸都是少年儿童的。警方在全国范围内展开了调查，不仅没抓到凶手，反而发现了更多的少年儿童失踪案。

根据加拉维托的供述，他的足迹遍布哥伦比亚，他没有固定的职业，大部分时间都是在哥伦比亚各地流浪，他至少在 50 多个村镇进行了谋杀。每当加拉维托流浪到某地后，他就会找一份临时的工作，然后开始寻找合适的被害人下手。

加拉维托所杀害的少年儿童，要么是无父无母的流浪儿，要么是生活贫困的农家孩子，这些孩子既容易被骗，又不会引起人们的重视。由于哥伦比亚的治安状况糟糕，再加上经济形势不好，有许多孩子都是流浪儿，所以加拉维托总是能轻易得手。有时候加拉维托也会到学校诱骗被害人。

加拉维托会用花言巧语、小礼物、小额现金或给被害人介绍合法打零工的地方等理由，将被害人骗到四处无人的野地。这时，加拉维托就会原形毕露，他会用尼龙绳将被害人绑在树上，然后开始折磨、强奸被害人，最后他会割开被害人的喉咙。杀死被害人后，加拉维托会肢解尸体，然后找地方进行掩埋。

在作案时，加拉维托总会喝得酩酊大醉，因此许多案发现场都会有加拉维托扔下的酒瓶。有时候，加拉维托也会用酒来引诱被害人。

加拉维托十分擅长伪装，他有时候会戴眼镜，有时留着胡子，有时戴着棒球帽。他会将自己装扮成不同的身份，一会儿伪装成道貌岸然的僧侣，一会儿又成了在街头闲逛的商贩。有一次，加拉维托还假扮成残疾人，甚至冒充为老人和儿童提供资助的基金会的代表。因此，加拉维托有许多绰号，比如"呆子""教父""疯魔"等。再加上加拉维托作案毫无规律可循，警方无法将这些失踪案和一个连环杀手联系起来。于是加拉维托到处作孽，逍遥法外 7 年之久。除了哥伦比亚外，加拉维托还曾在厄瓜多尔待过一段时间，可能在那里也犯下了几起命案。

1999年10月29日，哥伦比亚警方向外界宣布，他们抓住了一名杀害140名少年儿童的连环杀手，他就是加拉维托。这个消息不仅在哥伦比亚引起了轰动，还震惊了全世界，加拉维托成了全球第二大连环杀手。

全球第一大连环杀手和加拉维托一样是哥伦比亚人，被称为"安第斯山之魔"，名叫佩德罗·洛佩斯。洛佩斯曾在哥伦比亚、秘鲁和厄瓜多尔杀害了300名少女，目前还被关在厄瓜多尔的监狱中。

加拉维托的罪行被曝光之后，各大媒体都开始集中报道该事件，他也因此成了骇人听闻的妖怪、恶魔。在加拉维托的带领下，警方找到了114具少年儿童的尸体，其中在哥伦比亚的里塞拉得拉省找到了41具尸体，这是发现尸体数量最多的地方，靠近此地的考拉谷发现了27具。

在庭审中，关于如何处理加拉维托成了一个令法官头疼的难题。加拉维托已经成为哥伦比亚人心目中的噩梦，许多人都呼吁将加拉维托处死，为死去的少年儿童偿命。就连哥伦比亚的警察首脑也表示应该处死加拉维托，毕竟被害对象都是少年儿童，凶手应该受到最严厉的惩罚。但哥伦比亚已经废除了死刑，如果处死加拉维托就会违反法律。

最终法庭出于尊重法律的考虑做出了裁定，没有将加拉维托处死，而是裁定加拉维托需为138项谋杀罪负责，判处监禁1853年零9天，他成了哥伦比亚司法史上被判处刑期最长的罪犯。而这千年刑期极有可能会让加拉维托创下一项新的吉尼斯世界纪录。

不过加拉维托并不会在监狱里待多长时间，他在2021年就可以出狱了。原来哥伦比亚的法律还有一项规定，即一个人只能服30年刑期。再加上加拉维托是主动承认罪行，而且还积极配合警方寻找被害人的骸骨，他最终被判服

22 年刑期。据说，加拉维托在监狱里表现不错，他可能会在最后几年刑期中获得假释，在 2021 年之前就获得自由。

【挥之不去的童年阴影】

加拉维托为什么会犯下如此令人发指的罪行呢？心理学家认为，加拉维托的犯罪行为与他童年时期所遭受的虐待和性侵密切相关。加拉维托出生在哥伦比亚中西部的赫诺瓦，他有 6 个兄弟姐妹，他的父亲曾对他进行过身体上和精神上的虐待，这导致加拉维托成人后无法正常地与女性交往。此外，加拉维托小时候曾被两个男人多次鸡奸过。

成年后，加拉维托的生活一直不顺，他频繁地更换工作岗位，所从事的工作报酬都很低。后来加拉维托开始买醉，他常常借喝酒来缓解自己郁闷的心情，但喝酒只会让他更加郁闷。加拉维托还曾自杀过，只是没有成功。后来，加拉维托还去看了精神医生。他的精神状态一直很不稳定。

在一个人成长的过程中，存在着各种各样的风险因素，例如糟糕的童年经历、学业或工作上的失败等，这些风险因素有可能会导致一个人走上违法犯罪的道路。据研究，一个人的严重犯罪行为可以从他的童年经历中找到原因。对于一些罪犯来说，他的童年经历预示着他会在成年期出现许多行为问题。例如加拉维托在童年时曾遭遇过虐待和性侵，这导致他无法与女性发生正常的两性关系，也无法保持稳定的工作，精神状态一直不稳定，需要借助喝酒和虐杀儿童来缓解内心的苦闷。

因此对于一个人来说，成长于一个健康的家庭中十分重要。在一个健康的家庭中，父母或监护者扮演着保护神的角色，保护孩子避免受到各种风险因素的影响，从而让孩子远离严重的反社会行为。当然，成长期所遇到的风险因素与反社会行为之间并不存在必然的因果联系。也就是说，一个人之所以会犯罪，甚至成为一个连环杀手，并不一定是因为他来自一个糟糕的家庭环境。

Criminal Psychology

出售人肉三明治——

乔·麦瑟尼

　　1996 年 12 月 15 日，巴尔的摩的警方正在进行一次抓捕行动，嫌疑人是一名 500 磅重的木材厂工人，名叫乔·麦瑟尼，他有逃跑的迹象。执行抓捕任务的警方本以为会和麦瑟尼展开搏斗，最起码嫌疑人不会乖乖就范，但麦瑟尼并未抵抗，而是被警方轻易就逮捕了，并对警方说："我是一个病态的人。"

　　不久之前，一个名叫丽塔·肯佩尔的妓女向警方报案，她声称自己遭到了一名男子的袭击，而这名男子就是麦瑟尼。根据肯佩尔的证词，在遇袭当天，麦瑟尼将她拖到车里，并开始撕扯她的衣服，然后猛烈击打她的头部。肯佩尔害怕极了，不停地尖叫求饶。麦瑟尼一点同情的表现都没有，而是不停地嘲笑肯佩尔。

　　肯佩尔趁着麦瑟尼转身的几秒钟时间逃了出去，带着强烈的求生欲望，肯佩尔迅速爬过了 8 英尺①高的栅栏，栅栏的顶端有许多尖锐的铁丝，紧挨着栅栏的是一堆高高的木头，肯佩尔爬过栅栏后，迅速翻过木头堆，跑到了主干道上。成功逃脱后，肯佩尔继续不停地奔跑，直到来到了一个加油站。

麦瑟尼被捕后，很快就接受了审讯。麦瑟尼没有抵赖，也没有和警方兜圈子，他主动坦白了自己所犯下的罪行，并且详细供述了自己所犯下的每一起谋杀案的细节，甚至连陈年旧案也承认了。最后，麦瑟尼向警方表示，他对所犯下的罪行并不后悔。

按照麦瑟尼的说法，他一共杀死了 7 个人，3 男 4 女，不过本案中可以确定的被害人只有 5 人。麦瑟尼的第一次杀人是在巴尔的摩南部的一座桥下实施的。那是 1994 年，他带着报复的心理开始杀人，然后渐渐喜欢上了杀人所带来的激情感。

麦瑟尼是一个卡车司机，有一个普通的家庭，直到妻子开始吸毒后，麦瑟尼的生活开始变得糟糕起来。起初，麦瑟尼希望妻子能戒掉毒品，但他渐渐对妻子失去了信心，他希望妻子能离开自己和儿子的生活，哪怕是付钱也情愿。

一天晚上，麦瑟尼加班回家后发现家里已经空无一人，他的妻子离开了，还带走了他们 6 岁的儿子。这让麦瑟尼十分生气，他担心起儿子的处境来。麦瑟尼的担心没有错，6 个月后，他打听到了妻儿的消息。妻子为了毒品和一个混账在一起生活，这个混账会为她提供毒品。后来这两个人因吸毒被逮捕，由于他们涉嫌忽视照顾和虐待儿童，麦瑟尼的儿子被送到了社会服务机构中。

麦瑟尼并未去社会服务机构寻找儿子，而是不停地寻找妻子和那个混账的下落，他想要复仇，他觉得自己失去儿子，妻子就是罪魁祸首。后来，麦瑟尼从一个人那里得知,在巴尔的摩南部的一座桥下聚集着许多无家可归的流浪汉,

———————————

①1英尺约为0.3米。

麦瑟尼的妻子就在其中。

一天晚上，麦瑟尼来到了桥下，他看到了一个妓女，并故意引诱她，他想从这名妓女那里打听到自己妻子的下落。妓女在麦瑟尼的引诱下来到了他的拖车上，当麦瑟尼问她是否见过自己的妻子时，妓女表示她不知道。突然，麦瑟尼袭击了她，将她痛殴一顿，并强奸了她。最后，妓女被麦瑟尼杀害了。麦瑟尼将妓女的尸体放到灌木丛中后就离开了。

很快，麦瑟尼引诱了第二个妓女，她上了麦瑟尼的拖车后就遭到了袭击。在杀害妓女后，麦瑟尼像处理上一个被害人的尸体一样，将这名妓女的尸体扔到了一处灌木丛中。不过，麦瑟尼却注意到一个河边的钓鱼老人一直看着自己，他怀疑老人看到了自己处理尸体的过程，就随手抓起一根钢管向老人扑去，老人也被麦瑟尼杀害了。

这一次，麦瑟尼决定将3名被害人的尸体用石块坠到河里。处理完一切后，麦瑟尼有点儿累了，他在河里洗了个澡，然后开始清理犯罪现场。在麦瑟尼看来，他会杀死这些人，并不是因为仇恨，只是他们恰巧在错误的时间出现在错误的地方而已。

两个半星期后，麦瑟尼被逮捕了，罪名是谋杀流浪者。之后的一年半内，麦瑟尼都待在监狱里等待审判。由于警方没有找到被害人的尸体，也没有任何证物，麦瑟尼被无罪释放了。获得自由后，麦瑟尼继续寻找妻子和杀人。在麦瑟尼看来，他谋杀的动机已经变了，由最初的报复冲动演变成了追求对血腥的激情和通过剥夺一个人生命所获得的压倒一切的权力感。

麦瑟尼找到了之前所在公司的老板，此时这家公司已经入不敷出，麦瑟尼成功说服老板允许自己留在公司，看守公司。接下来，麦瑟尼开始寻找妓女下手。

　　26 岁的金伯利·斯派瑟在麦瑟尼的引诱下来到了他的拖车上，她被麦瑟尼袭击并杀害。不久之后，麦瑟尼又杀死了一名妓女。在处理这两名妓女的尸体时，麦瑟尼并没有将被害人埋葬或隐藏在秘密的地方，他有了一个更好的处理尸体的办法，他将尸体带回了家。

　　之后，麦瑟尼将尸体肢解并剁碎，他将尸肉放在了冰箱里，剩下的残骸则被麦瑟尼埋在了公司后面一片小树林里的浅坑里。接下来，麦瑟尼将尸肉与牛肉、猪肉混合在一起，做成了三明治，并利用周末在路边支起了一个小烧烤摊，开始兜售这些混合人肉、猪肉的三明治。毫不知情的路人、卡车司机和城镇居民并不知道麦瑟尼所售卖的三明治里有人肉，他们在毫不知情的情况下吃下了一些人肉。在麦瑟尼看来，人肉与猪肉的味道非常相似，如果将两者混合在一起，根本没人能分辨出来。

　　将人肉三明治卖完后，麦瑟尼开始继续寻找猎物，这一次他引诱了肯佩尔，不过麦瑟尼并没成功，肯佩尔逃了出去，并在附近的加油站报了警。这下麦瑟尼暴露了，不过麦瑟尼并未逃跑，而是回去收拾好肯佩尔的衣服，在麦瑟尼拿起钥匙准备出门的时候，一辆警车出现了。

　　麦瑟尼在向警方招供完一切后，交代了其中一些被害人尸体的所在地。他向警方表示："在所发生的一切事情中，唯一让我感到难过的是，我没有杀死妻子和她勾搭上的那个混蛋。"

　　最终，麦瑟尼被判有罪，并被判处死刑。不过这项判决被推翻了，改为两个终身监禁。2017 年 8 月 5 日，这是个星期六，麦瑟尼被发现死在了监狱里。

【让人上瘾的绝对控制感】

许多人在了解了麦瑟尼所犯下的罪行后，都会觉得可怕和作呕，并且会试图寻找麦瑟尼的犯罪动机。如同麦瑟尼所坦白的那样，他最初的犯罪动机不过是为了报复妻子，但后来他越来越迷恋杀人所带来的快感。后来他甚至声称自己杀死了 10 个人，如果不是被逮捕，或许麦瑟尼永远也不会停止杀人。

和许多连环杀手一样，麦瑟尼渴望权力、渴望一种绝对控制感，为了获得绝对控制感，他们会不择手段，甚至是剥夺他人的生命。

麦瑟尼将自己看成中心人物，周围的人必须得听从他的命令，被他支配或操纵。但显然，现实生活无法满足麦瑟尼的这种需求。所以他在杀死了两名流浪者后体会到了绝对控制所带来的快感，他从夺取他人生命的过程中感觉到了力量，所以他会不停地通过杀人来满足自己的这种心理需求。

绝对控制感对于连环杀手来说十分重要而且具有成瘾性，就像瘾君子对毒品的渴望一样，只能在杀人后才能得到暂时的缓解，永远不会得到满足。麦瑟尼每次杀死一个人后，他就好像取得了一场胜利，而那些他所制作的人肉、猪肉混合三明治就是他的战利品，他将这种特制的三明治兜售出去。麦瑟尼很享受这个过程，他曾对警方说："如果你下一次在路上碰到一个你从未见过的露天烤肉摊，那么在吃三明治之前，请想想我的故事，有时候你永远不知道你可能在吃谁。"这是一件令人毛骨悚然的事情，却被麦瑟尼说得异常轻松，甚至带着调侃的意味。可见他非常享受这个杀人、卖人肉的过程。

在麦瑟尼向警方坦白自己的罪行时，他并没有表现出后悔。这是连环杀手所共有的一个特点，在他们看来杀死一个人就如同碾死一只蚂蚁一样，不需要感到愧疚，只需要好好享受杀人所带来的压倒性的控制感即可。

　　当一个人意识到自己面临死亡的时候，会十分恐惧，害怕得发抖，甚至会跪下求饶。一个人为什么会做出这样的举动呢？这是一种本能的反应，人是一种能与他人产生共情的群居动物，当一个人出现上述的本能恐惧反应时，另一个人能感同身受，从而生出怜悯之心，饶过对方。

　　但这只是正常人的反应，像麦瑟尼一样的连环杀手并不会产生怜悯心理。相反，连环杀手还非常享受对方的恐惧，这对他们来说十分刺激，好像自己完全掌控着对方一样。

Criminal Psychology

主动自首的儿童杀手——

贾韦德·伊克巴尔

1999 年 12 月，巴基斯坦拉合尔市的警察局收到了一封信。这是一封投案自首的信，写信者说，他犯下了十分严重的罪行，性侵并杀害了 100 名儿童，被害人的年龄从 6 岁到 16 岁不等，他将所有的谋杀细节都记录在日记本和一个 32 页的记事本上，他将被害人杀死后，肢解并用强酸溶解掉了他们的尸体。最后写信者表示这封信是他的忏悔状。这封信并未引起警察的重视，警察只当是一个无聊者在搞恶作剧，然后随手将信揉成纸团，扔到了垃圾桶里。

不久之后，警方就接到了一个记者的报警电话。原来报社的记者也接到了一封这样的信，写信人一式两份，一封信寄给了警察局，另一封则寄给了报社。

写信人名叫贾韦德·伊克巴尔，43 岁。伊克巴尔在 18 个月内杀死了 100 名儿童，在杀死第 100 个被害人后，伊克巴尔觉得已经达到了自己的目标，所以他就写了一封信投案自首。

伊克巴尔所选择的被害人大都是流浪儿，或是离家出走的孩子，他们生活在一个贫困的家庭中，即使失踪了，也不会引起警方的重视。伊克巴尔处理尸体的方式很特别，他会将被害人的尸体肢解，然后用强酸销毁，这样警方就不会发现被害人的尸体，更加不会重视这些失踪的儿童。

警察虽然将伊克巴尔的忏悔信扔到了垃圾桶里，但记者却很重视，并决定按照信上所留下的地址去一探究竟。当警方接到记者的电话后才重视起来，开始研究伊克巴尔的忏悔信。

当记者和警察来到伊克巴尔的家中后才意识到那封忏悔信所陈述的都是事实。伊克巴尔住所的墙壁和地板上到处都是血迹，还有随处可见的血手印，地上有许多绳索和链条，还有一些照片。这些照片都是在被害人临死前所拍摄的，他们的年龄都很小，最小的甚至还不满 10 岁。伊克巴尔也因此成为巴基斯坦独立后的第一个连环杀手。

在之后的搜查工作中，警方找到了大量的物证。屋内有 5 个大塑料袋，里面都是儿童的衣物，还有鞋子。最关键的是，警方还找到了两个大桶，里面盛着强酸，还有人体残骸没有被完全腐蚀掉。

伊克巴尔还将每个被害人的信息，包括身份、谋杀方式和死亡时间都写成了卡片，并将这些卡片编上号码，用大头针钉在墙上。伊克巴尔在一张卡片上写道："为了不被警察注意，所有被害人的尸体不能随意丢弃，只能用强酸腐蚀掉，只要毁尸灭迹了，警方就没有证据了。"另外一张卡片上写着："我已经准备好自尽了，就跳拉维河吧。"

屋子里所有的一切让警方意识到了问题的严重性，但除了一屋子的罪证外，这里一个人也没有。警方以为伊克巴尔真的投河自尽了，就派人到拉维河打捞，但并没有打捞到伊克巴尔的尸体。于是警方开始在全国范围内撒网搜捕伊克巴尔，这是巴基斯坦历史上最大规模的一次搜捕行动，但还是没有找到伊克巴尔。

虽然搜捕工作进展不理想，也不是一无所获，警方抓住了伊克巴尔的 3 名同伙，他们都很年轻，分别只有 17 岁、15 岁、13 岁。他们曾经是被害人，因无家可归被伊克巴尔骗到家中，经历了性虐待后，他们成了伊克巴尔的同伙，协助伊克巴尔诱骗一些儿童，供伊克巴尔进行虐杀。

1999 年 12 月 30 日，警方接到了报社的电话，原来伊克巴尔去报社自首了，他之所以没有去警察局投案自首，是因为他根本不相信警察，觉得警察就是一群玩忽职守的人。于是，他选择到报社自首。

伊克巴尔向记者和警察承认和交代了自己所犯下的罪行，他将被害人杀死后，会用强酸溶解尸体，然后再扔到河里。他还交代，他选择用盐酸来溶解尸体，因为这样可以节省开支，伊克巴尔坦言，杀害一名儿童只需要花费 120 卢比。当警察问伊克巴尔有关被害人的身份信息时，伊克巴尔根本不想回答，他直接反问道："这难道不是警察的工作吗？"

警方向外界发布了失踪儿童的身份信息，希望他们的父母能来认领自己的孩子，并带走被害儿童的遗物。消息一经发布，来自全国各地的父母都集中到了拉合尔市，他们一直在等待着庭审。在庭审当天，被害人的父母们一直在法庭外面等候审理结果。他们情绪太过激动，为了法庭秩序，他们没有被允许进入法庭。不过，父母们还是在法庭外高喊着要将伊克巴尔处死。

虽然伊克巴尔在记者和警察面前如此坦诚，但到了法庭上却开始抵赖，推翻了之前的一切供词，拒绝承认自己杀人，他说自己在接受审讯的时候遭到了警方的严刑逼供，所以才不得不承认自己杀人。他写信和自首只是为了引起社会对失踪儿童的关注，这只是一场恶作剧而已。

不过，法官并不相信伊克巴尔的花言巧语，毕竟警方在伊克巴尔的住所找到了大量的证据，既有被害人的衣物，还有伊克巴尔所写下的杀人记录，笔迹鉴定确认那些卡片和日记、记事本的确是伊克巴尔所写。尽管警方没有找到被害人完整的尸体，这一系列间接证据均可以证明伊克巴尔所犯下的罪行。

2000 年 3 月 16 日，法官和陪审团经过商讨之后做出了一项令人震惊的裁决，伊克巴尔被判处当众实施绞刑，行刑地点就在他诱骗被害人的广场，而且伊克巴尔被处死后他的尸体要被肢解成 100 块并用强酸溶解。那 3 名协助伊克巴尔作案的犯罪嫌疑人，虽然还未成年，也要被判刑，法官认为年少不能成为他们违法犯罪的理由。

伊克巴尔的辩护律师认为这项刑罚太过残忍，不符合法律规定，他要求上诉，重新对此案进行判决。辩护律师声称，伊克巴尔并没有杀人，那些儿童只是失踪了，不应该被认定为死亡。

这项裁决一经公布，立刻引起了全国范围内的轰动，宗教和人权组织强烈抗议这项裁决，在他们看来这项裁决虽然是以牙还牙，但未免太过残忍，与伊斯兰教的教义背道而驰。在信仰伊斯兰教的人看来，对一个人的尸体进行切割，是对死者的一种亵渎。

2001 年 8 月，伊克巴尔和本案的一个从犯死在了监狱中，死亡原因是窒息，他们被发现时悬挂在牢房的栏杆上，警方认定二人是上吊自杀的。但不少人怀疑二人是在监狱中被人杀害的，毕竟当时伊克巴尔正在等候上诉，没理由自杀。最关键的是，法医在检查二人的尸体时发现了被殴打的痕迹。

伊克巴尔为什么要杀人，而且还制定了杀人目标，并且在达成目标后主动自首？他这么做的动机到底是什么呢？伊克巴尔曾给出过一个答案，他的犯罪动机只有一个，那就是报复，报复社会，报复警察，为他死去的母亲报仇。

1956 年，伊克巴尔出生于旁遮普省拉合尔市一个富裕的家庭，他的父母经商，家里的经济条件不错，他是家中的第六个孩子。

伊克巴尔的学习成绩不错，在高中时就参加了大学预科考试，成为一名插班生。在大学期间，伊克巴尔开始在父母的支持下开办公司，做起了钢铁建材的生意。虽然都是一些小生意，但对于还在上大学的伊克巴尔来说，这也算是一项不错的成就了。

与伊克巴尔相识的人都知道他是个"男孩猎手"，他的性取向异于常人，他很喜欢和男孩们在一起，会想尽办法哄骗男孩与他发生性关系。伊克巴尔经济条件优越，总能成功引起很多男孩的注意，他经常带着一些男孩到自己的别墅居住，父亲送给了伊克巴尔两栋别墅，还送给了他一辆十分拉风的摩托车。有些男孩虽然不情愿与伊克巴尔发生性关系，但会在伊克巴尔的小恩小惠下选择沉默。当时，伊克巴尔只是强迫男孩与自己发生性关系，并没有杀人灭口。

在巴基斯坦，虽然宗教明令禁止同性恋和恋童癖，但在一些地方，与男子或男童发生性关系却得到了人们的默许。在许多人看来，这是一名成年男子骄傲的资本，是一种身份地位的象征。因此，在巴基斯坦，同性恋和恋童癖虽不能光明正大地出现，却真实存在着。

一天，伊克巴尔按照约定与一个男孩见面，男孩并未出现，倒是涌上来许多警察将伊克巴尔抓住。原来一周前警方接到报案，报案者声称自己的儿子被人性侵了，犯罪者给了他儿子100卢比，并约定一周后在同一个地方见面。于是警方提前在此地埋伏，等待伊克巴尔上钩。

这是伊克巴尔第一次被捕，最终双方调解成功，伊克巴尔在交了一笔保释金后就获得了自由。但伊克巴尔并没有收敛，而是继续寻找相貌端正的男孩，并性侵他们。

当伊克巴尔的父母得知儿子的所作所为后，起初想要帮助儿子改掉这种恶习，但遭到儿子强烈的反抗后，他们就不再管了，任由伊克巴尔胡闹。

1990年年底，警方再次接到报案，一名被害人声称他被伊克巴尔性侵了。当警方赶到伊克巴尔的家中时，伊克巴尔早就逃走了，于是警方只能将伊克巴尔的父亲和两个兄弟带走，想要借此引出伊克巴尔。但伊克巴尔的家人在拘留所里待了7天，伊克巴尔都没有露面。

警察为了尽快抓住伊克巴尔，只能将一名与伊克巴尔关系密切的男孩抓起来。这次警察没等多久，就等来了伊克巴尔的自首。不久，伊克巴尔在交了一大笔保释金后，被放了出来。

对于第二次被捕，伊克巴尔毫不在意，但他的家人却很担心伊克巴尔继续胡闹下去会自毁前途，就给伊克巴尔安排了一门婚事。伊克巴尔反对这门强行安在他身上的婚事，他对父母说自己早就结婚了，妻子是他认识的一个男孩的姐姐。伊克巴尔没有说谎，不过他对妻子并不感兴趣，他只是希望能将妻子的弟弟留在自己的身边。

不久之后，伊克巴尔就开了一家电子游戏厅。这是一家免费对外开放的游戏厅，男孩们可以免费在这里玩游戏。伊克巴尔的目的并不是赚钱，只是想利用游戏厅引诱男孩上钩。后来当家长们得知这个游戏厅不正常后，就禁止自己的孩子去游戏厅。伊克巴尔只能将游戏厅改装成水族馆。当水族馆不再吸引男孩后，又被改成了体育馆。

为了引诱被害人，伊克巴尔可是想尽了办法。有时，伊克巴尔会故意扔到地上100卢比，然后藏起来偷偷观察谁会捡起来。当有男孩捡钱的时候，伊克巴尔会立刻上前，非说男孩偷了自己的钱，并提出搜身的要求。然后伊克巴尔会将男孩带到自己的住处去"搜身"，他性侵过男孩后，会将那100卢比送给男孩当报酬。后来，伊克巴尔还建立了学校、廉价杂货店，只为了满足自己的恋童癖需求。

1993 年，伊克巴尔得到了 350 万卢比的遗产，这是他的父亲留给他的。伊克巴尔利用这笔钱修建了一栋十分豪华的别墅，他经常邀请男孩到别墅来玩。

1998 年 10 月，伊克巴尔再次被捕入狱。原来伊克巴尔在准备性侵两名男孩时，被两名男孩联手打伤，男孩们在离开伊克巴尔的住所时还拿走了 8000 卢比。

伊克巴尔随后报了警，开始一边在医院养伤，一边等待警察的调查结果。警方本以为这只是一起抢劫案，当抓住犯罪嫌疑人后，嫌疑人又指控伊克巴尔性侵。于是在伊克巴尔养好伤后，就被警方抓捕了。

这一次没人帮伊克巴尔缴纳保释金了。伊克巴尔的家人对他这种屡教不改的行为十分失望，再加上家族破产，没有人愿意出钱帮助伊克巴尔。最后法院只能将伊克巴尔的房产和商铺拍卖。当伊克巴尔获得自由后不久就得知，自己成了一个一无所有的穷光蛋。

就在伊克巴尔心灰意冷之际，他接到了一个噩耗，他的母亲去世了。原来当伊克巴尔的母亲得知儿子被抓后，生了一场大病，不久就离开了人世。这样一来，伊克巴尔在世上再也无人可以依靠，他变得异常愤怒起来，他觉得这一切都是那两名男孩和警察造成的，于是伊克巴尔决定展开一场报复行动。他开始了疯狂的杀戮，他一边打听那两名男孩的下落，一边引诱、性侵和杀害男孩。为了不被警察注意，伊克巴尔在选择下手对象时十分小心谨慎，尽量选择一些流浪儿童。

伊克巴尔之所以能成功实现自己的目标，而且不被警察注意到，除了因为他小心谨慎外，还有一个十分重要的因素，即执法部门的不作为。这让巴基斯坦人十分愤怒，如果不是伊克巴尔主动自首，或者伊克巴尔的目标不是 100 人，那么将会有更多的儿童被害。

死在伊克巴尔手中的儿童有 100 名，也就是说即使警方在没有发现尸体的情况下，也应该对这上百起的儿童失踪案重视起来。警方表示，他们一共只收到了 25 起儿童失踪的报案。那么，为什么失踪孩子的父母不报警呢？

一名被害人的母亲表示，她永远不会去找警察帮忙，因为巴基斯坦的警察不会为人们，尤其是穷苦百姓提供服务。事实上，许多巴基斯坦人都害怕与警察打交道，即使他们去警察局报案，十有八九都会被拒之门外。

伊克巴尔的邻居们应该早就注意到了异常。伊克巴尔的住所位于当地的繁华街区，那里人来人往，应该有不少人注意到伊克巴尔常常将一些男孩领到家中，而且这些男孩基本上都是有进无出。最关键的是，伊克巴尔的住所经常会散发出盐酸腐蚀尸体的酸臭味。对这种种异常现象，邻居们都选择了无视，或许在他们看来只要管好自己家的事情就行了。

【更容易被征服的儿童】

当我们听闻猥亵儿童和性侵儿童的事件后，通常会联想到恋童癖。恋童癖是一种病态的心理，是以未成年人为对象获得性满足的一种病理性性偏好。恋童癖与针对儿童的性犯罪之间并不能画等号。也就是说，恋童癖并不一定会对儿童实施性侵害，恋童癖是一种需要矫正的心理或精神状态。

伊克巴尔不仅是一个恋童癖，还是一个性侵儿童的罪犯。那么，像伊克巴尔这样性侵儿童的罪犯为什么会对儿童产生性欲呢？从生理成熟的角度来看，儿童不同于成人，不具备典型的交配和繁殖能力等生理特征，即儿童稚嫩的外表通常不会让人产生性欲。

性侵儿童的罪犯将魔爪伸向儿童，不单单是为了满足自己的生理欲望，更是为了一种扭曲的心理满足。儿童，不论是从生理还是心理上，其成熟度都远不及成人。在面对儿童的时候，成人占据力量和心理上的优势。总之，儿童比成人更容易被控制。

提到被强奸的被害人，许多人都会想到女性。这倒不是因为性别歧视，女性之所以常常会成为强奸的被害人，是因为男女力量上的悬殊。因此当强奸犯用力量去制服一名女性，并强迫与其发生性关系的时候，会产生一种征服权力感，会错误地认为自己是个强大且具有力量的人。不过这种征服权力感并不是所有强奸犯都具有的犯罪动机，有些强奸犯或许是因为憎恨女性。

当一名强奸犯的犯罪动机是为了获得征服权力感时，他在选择目标的时候会倾向于选择一些容易得手的、脆弱的人，因为这样的人更容易被他制服，更加符合他的犯罪动机。

性侵儿童的罪犯比强奸犯更加强烈地想要制服目标，并获得征服权力感，因此才会对儿童这种更容易顺从自己的人产生性欲。即使儿童不顺从自己，罪犯也可以轻易制服儿童，而且制服儿童要比制服一个成年女人更加容易。

据调查，性侵儿童事件常常发生在熟人之间。也就是说，性侵儿童的罪犯通常会向亲朋好友的孩子下手，很少会去找陌生儿童。像伊克巴尔这样为了满足自己的性欲而向陌生儿童下手的罪犯虽然不常见、发生的概率很低，但十分可怕。

从伊克巴尔的犯罪经历来看，最初他只是用某些手段来强迫儿童与自己发生性关系，并未出现残忍的杀人行为。但是后来当伊克巴尔因被两名男孩指控性侵第三次入狱后，尤其是当他得知母亲因此而去世后，他开始了残忍的报复行为，凡是与他发生过性关系的男孩全都被他灭口了。在伊克巴尔看来，他杀死 100 名儿童固然残忍，但他只是为了报复。

这是一种令人难以理解的错误思维。其实许多连环杀手都像伊克巴尔一样，不会认为自己所犯下的罪行是错误的，在他们看来自己只是触犯了法律。伊克巴尔从来不觉得自己性侵男童是错误的，所以一再因性侵男童而入狱。即使伊克巴尔犯下了严重的杀人罪，他也不觉得错在自己，在他看来，这一切都是为了报复。他从来没有意识到导致母亲去世的罪魁祸首其实就是他自己，而那两名男孩也是被害人，他们只是在维护自己的正当权益。

或许一个正常人会在强烈的报复心理下犯下杀人罪，但他们不会频繁地杀人，而且当他们恢复理智后，就会立刻觉得自己的行为是错误的，会感觉到愧疚，因此会避免再次出现类似的行为。但伊克巴尔显然不是，他频繁地杀人，他的说辞是报复，但其实只是为了满足自己扭曲的心理需求。

Criminal Psychology

7 岁时就幻想着杀人——

卡尔·斯泰纳

1999 年 2 月 16 日，旧金山机场，詹姆斯·松德在等待妻子卡罗尔和 15 岁的女儿朱莉、女儿的朋友 16 岁的西尔维纳·佩洛索，她们去约塞米特蒂国家公园旅游，与詹姆斯相约在旧金山机场碰面，然后一起到亚利桑那州去。詹姆斯要去那里参加一个会议，妻子女儿则趁此机会去游览大峡谷。

詹姆斯在机场等了一整天，都没有等到妻子，他以为妻子有事耽搁了，于是就在机场的旅店住了一晚，决定再等妻子一天。到了第二天，卡罗尔还是没有出现，詹姆斯感觉妻子可能出事了，就立刻报了警。

警方接到报案后，立刻与约塞米特蒂公园的保安取得联系，然后在景区内展开了搜查。警方以为 3 名女子只是在丛林里迷路了，但几天后警方开始怀疑 3 名女子很可能已经遭遇了不幸。

酒店的工作人员告诉警方，在 3 名女子入住后的第二天她们就不见了。酒店工作人员在例行打扫房间的时候并未发现什么可疑的痕迹，3 名女子的东西都不在了，房间的钥匙就放在一进门的桌子上，看起来就像要退房。

警察走访了附近的住户和商铺店主，他们都没有见过失踪者。在警方看来，这已经不再是一起简单的人口失踪案，已经成为一起刑事案件。

搜查工作进行了整整四周，除了警察和失踪者家属外，就连志愿者组成的搜救队也加入了搜查队伍中。但是搜查队找遍了整个公园也没发现失踪的 3 名女子，就连卡罗尔租的那辆红色的旁蒂克轿车也没有找到。

几天后，有人找到了卡罗尔的钱包，里面的钱和身份证件都还在。之后，警方搜查了发现钱包地点附近 30 公里范围内的区域，但还是没有找到失踪者。

警方基本确认 3 名女子已经遇害，至于是一场意外还是一起谋杀，还需要进一步的调查。

失踪者的家属开始向公众求助，詹姆斯提供了 25 万美元的赏金，希望人们能提供有价值的线索，后来赏金提高到了 30 万美元。卡罗尔的小女儿吉娜在电视上发表声明，希望知道母亲和姐姐下落的人能够主动与警方联系，她不希望妈妈和姐姐离开自己。

3 月 18 日，终于有人向警方提供了和失踪者有关的线索，但是一个十分残酷的消息。一名背包客在靠近 108 号高速公路的一片森林里发现了一辆被烧焦的旁蒂克汽车。通过车牌，加州公路巡警证实这辆车正是卡罗尔租用的那辆车。

随后 FBI 接到巡警的求助。3 月 19 日上午，FBI 探员来到了烧焦汽车的现场。当 FBI 探员打开车门后，发现了两具已经被烧得焦黑的尸体。牙科记录证实这两名死者就是卡罗尔和西尔维纳。显然，詹姆斯一家最担心的事情发生了。

虽然朱莉的尸体还未被发现，但警方认为她极有可能已经被害了。警方在沿着 108 号公路对当地居民和车辆进行排查的时候，终于发现了一条有价值的线索。这是一封信，上面画着朱莉的埋尸地点。在信的末尾还有一句话："我们和她相处得很愉快。"

3 月 25 日，朱莉的尸体被找到了，她的尸体已经严重腐烂。尸检结果显示，朱莉的致命伤在脖子处，她极有可能是被人割喉而死。

为了将凶手抓捕归案，FBI 探员、案发地点附近 4 个县的警察组成了一个专案小组，在接下来的几周内竭尽全力寻找嫌疑人。于是，莫德斯托和索诺马县所有有过案底的强奸犯、毒品交易者和有暴力前科的人都成了重点怀疑的对象。

专案组认为，凶手对当地的情况应该非常熟悉，不然不可能在驾驶着一辆醒目的红色汽车抛尸的时候不引起人们的注意，他应该十分熟悉抛尸地点的出入口。凶手所选择的抛尸地点非常偏僻，这里是当地居民丢弃废旧冰箱、洗衣机等电器的地方，当地居民还喜欢在这里焚烧垃圾，焚烧垃圾的气味恰恰可以掩盖凶手烧毁汽车的气味。

3月29日，媒体报道，警方认定嫌疑人是当地人。这个消息让当地居民变得惶惶不安起来，一时间流言蜚语满天飞，人们纷纷猜测他们认识的人之中出现了一个冷血连环杀手。

专案组还对3名被害人生前居住的雪松小屋酒店进行了排查，到了4月中旬还是没有发现嫌疑人。但联邦调查局公开表示，嫌疑人就在酒店的工作人员中间。3个月后，距离雪松小屋酒店不远处发现了一具女尸，这是第四名被害人。

7月22日早晨，有人在一处丛林的露营区发现了一具无头女尸。被害人是26岁的乔伊·露丝·阿姆斯庄，是约塞米特蒂协会的成员。在距离尸体不远处有一栋临时搭建的房子，约塞米特蒂协会的工作人员就住在里面，他们正在举行一个公益活动。

在 7 月 21 日的晚上，警方接到了一个报警电话，打电话的是阿姆斯庄的朋友，他说阿姆斯庄失踪了，按照约定阿姆斯庄会来看望他，但阿姆斯庄却没有按时到达。警方在阿姆斯庄的住处发现了她的车，车里面有打包好的衣物。第二天，阿姆斯庄的尸体就被发现了。

在阿姆斯庄的尸体发现后不久，电视台就接到了消息，一时间全国都知道又有一名女性在约塞米特蒂国家公园惨遭杀害，而且还被斩首。

约塞米特蒂协会的一名成员告诉警方，阿姆斯庄是个性格开朗的女孩，她喜欢孩子，喜欢大自然。在一年前，阿姆斯庄加入约塞米特蒂协会，并作为志愿者来到了约塞米特蒂，她很喜欢这里的宁静。

警方从阿姆斯庄的朋友那里了解到，在阿姆斯庄被害的几天前，她发邮件给朋友，希望朋友能和她一起享受约塞米特蒂的美景，她说约塞米特蒂国家公园有世界上最美丽的景色。

约塞米特蒂国家公园也被称为"优胜美地国家公园"，地处加州内华达山脉西麓，是美国四大国家公园之一。1890 年，约塞米特蒂国家公园建成，这里有山谷、瀑布、内湖、冰山、冰碛，还有十分罕见的由冰川作用形成的大量花岗岩浮雕。这里的美丽景色每年都会吸引几百万来自世界各地的游客。1984年，约塞米特蒂公园被联合国教科文组织列为世界自然遗产。但是从 1999 年起，接连发生的命案使得约塞米特蒂国家公园的美景蒙上了一层阴影。

对于当地居民来说，阿姆斯庄的被害使他们回想起了不久前发生的三尸命案，他们整日活在恐惧和噩梦之中。为此，联邦调查局不得不重新开始调查这一系列谋杀案。

就在调查人员一筹莫展的时候，一个目击者提供了一条关键的线索。目击者称在抛尸现场看到了一辆蓝色的 1979 年产的越野车。很快警方就查到了这辆车的主人，他名叫卡尔·斯泰纳，是雪松小屋酒店的工作人员。

警方在调查之前的三尸谋杀案时，也调查过斯泰纳，但当时斯泰纳并未引起警方的注意，因为他没有犯罪记录，在接受询问的时候也很镇定。

7月24日，距离阿姆斯庄尸体被发现已经过去两天了，警方抓住了斯泰纳。这一次斯泰纳被作为重点嫌疑人接受审讯，与之前的例行调查不同，探员们向斯泰纳提出了更多的问题和有关案件的细节。

警方在斯泰纳的汽车和背包里发现了一个相机、一个酒瓶、太阳花的种子、一个口琴、一瓶鞣革剂，还有一本书。这是一本恐怖小说，名叫《黑色闪电》，主要讲述了一个连环杀手的故事。

很快斯泰纳的住所也成了警方的重点搜查目标。警方在搜查中发现了许多证据，例如杀害朱莉的刀子、沾有阿姆斯庄血迹的衣服，还有一条沾染不明污渍的床单。后来的化验结果证明，床单上的污渍是血迹，属于阿姆斯庄。

此外，警方还在卡罗尔和西尔维纳遇害的509房间内的真空除尘器中发现了人类毛发，鉴定结果显示毛发属于斯泰纳。警方还在阿姆斯庄的车窗上提取到了一枚指纹，比对结果显示与斯泰纳的指纹相吻合。

最终，斯泰纳承认了自己所犯下的罪行。根据斯泰纳的交代，他最初并没想杀死卡罗尔、西尔维纳和朱莉，当时他盯上的目标是 4 个入住雪松小屋酒店的年轻女孩，他本打算强奸并杀害这 4 名女孩。但看到女孩们和当地的一名男子会合后，斯泰纳就打消了这个念头。

恰逢此时，卡罗尔带着年轻的朱莉和西尔维纳出现在酒店内，于是这 3 名女性成了斯泰纳的新目标。

卡罗尔 43 岁，与丈夫詹姆斯都是房产经纪人。西尔维纳是从阿根廷来的交换生，在卡罗尔家中借住。由于西尔维纳的年龄与朱莉相仿，两名年轻的女孩很快成了好朋友。在来到约塞米特蒂国家公园游玩前，西尔维纳已经在朱莉一家人的陪伴下去了旧金山湾区和迪士尼乐园。

2 月份，卡罗尔计划着一家人到约塞米特蒂国家公园旅游，由于詹姆斯要出差，卡罗尔就独自带着两名女孩在 12 日来到了约塞米特蒂国家公园。她们先在旧金山租了一辆红色旁蒂克轿车，然后在斯托克顿市逗留了一会儿，朱莉还参加了当地一所大学组织的啦啦队比赛。

2 月 14 日早晨，卡罗尔等 3 人出现在了约塞米特蒂公园附近的雪松小屋酒店并办理了入住手续。第二天，3 人去了景区游玩。有目击者说，3 人曾在公园观赏过红杉树。15 日晚上，3 人回到酒店，并在前台租借了几盘录影带。从那以后，3 人就失踪了，再也没有人发现过她们的踪迹。

在这天晚上，卡罗尔正在看书，西尔维纳和朱莉正在看电影。突然敲门声响起了，一名维修工说要维修排气扇。这名维修工就是斯泰纳。当斯泰纳进入房间后，立刻掏出手枪，命令 3 人趴在地上不要动，之后 3 人的手脚都被斯泰纳用胶带绑住。

斯泰纳将卡罗尔拖到了浴室中，然后用一根 3 英尺长的绳子勒住了卡罗尔的脖子，直到将卡罗尔勒死才松手。根据斯泰纳的回忆，这是他杀死的第一个人。在斯泰纳的想象中，勒死一个女人应该是件很容易的事情，但没想到竟然需要花费很大的力气，在他看来勒死一个人一点都不简单，就像是在完成一项艰难的任务。之后，斯泰纳将卡罗尔的尸体塞进了那辆红色的旁蒂克汽车。

回到酒店房间后，斯泰纳开始着手解决两名恐惧不已的年轻女孩。斯泰纳将朱莉和西尔维纳的衣服扒光，然后强奸了西尔维纳。在整个过程中，西尔维纳一直不停地哭泣，这让斯泰纳十分恼火，于是他将西尔维纳拖到浴室勒死了她。

在强奸朱莉后，斯泰纳将她拖到了隔壁房间，并将朱莉绑在床上，还给她打开了电视。斯泰纳不想让朱莉看见浴室里西尔维纳的尸体。

之后斯泰纳一直在清理案发现场。他将西尔维纳的尸体也塞进了旁蒂克车，还拿走了 3 个人所有的衣物，将房间打扫成她们已经退房的假象。在清理房间的时候，斯泰纳十分谨慎，就连床单上的头发都被他清理掉了，他认为这样可以销毁一切证据，这是他从一些犯罪纪录片中学习到的反侦查技巧。

这是斯泰纳第一次杀人，他很小的时候就有了杀人的幻想。他没有觉得恐惧，而是非常满足，他觉得这是自己人生中第一次感觉到掌握了主动权。

第二天凌晨 4 点左右，斯泰纳用毯子包裹住赤裸的朱莉离开了酒店。斯泰纳开着被害人租的汽车，他不知道自己要去哪里，也不知道接下来要做些什么，只是盲目地朝前开着车。

一旁的朱莉没有哭闹，反而显得很镇定，并且试图与斯泰纳沟通，她主动和斯泰纳说了一些题外话。渐渐地，斯泰纳开始有点儿喜欢她了。在斯泰拉看来，朱莉是个很可爱的女孩。

当天渐渐亮了后，斯泰纳做了一个决定，他得杀掉朱莉。于是斯泰纳将车停在一条河流旁，将朱莉带下了车，他对朱莉说："我也希望你能活着。"

之后朱莉再次遭到了强奸。事后，斯泰纳让朱莉躺在河岸边，一边摸着她的头发一边对她说"我爱你"。然后斯泰纳拿出刀子割开了朱莉的喉咙，其间朱莉一直挣扎着，在斯泰纳看来朱莉是在请求他帮助结束她的生命。挣扎了一会儿后，朱莉不再动弹了，她已经死去了。对斯泰纳来说，朱莉不同于卡罗尔和西尔维纳，他爱朱莉，但他还是杀死了她。当斯泰纳被捕后，他陈述自己杀害朱莉的过程时，还忍不住哭了起来。

接下来，斯泰纳开始思考如何处理尸体。他将朱莉的尸体藏进了灌木丛中，然后开着车离开了，车上还有两具尸体需要他处理。斯泰纳将车开到了树林的尽头，然后将车丢弃在一个不起眼的地方离开了。斯泰纳在公路上拦了一辆出租车。

两天后，斯泰纳拿着一瓶汽油来到丢弃汽车的地方，他觉得自己得将这一切处理干净。在泼汽油前，斯泰纳用刀在汽车的引擎盖上刻下了一句话——"朱莉在我们手中"。然后，斯泰纳将汽车泼上汽油并点燃。

斯泰纳带走了卡罗尔的钱包，并故意将钱包丢弃在莫德斯托县公路旁的树林里，这里距离被弃汽车有两个小时的车程。斯泰纳这么做是为了迷惑警方。

斯泰纳交代说，自己 30 年来一直都有杀人的想法，这种想法在他 7 岁的时候就已经萌生了。他只是喜欢杀人的感觉，对虐待被害人没有兴趣，他保证所有的被害人生前虽然遭受了性侵，但没有被他性虐待过。在杀死卡罗尔、西尔维纳和朱莉后，斯泰纳已经尝过了杀人的感觉，他想就此收手，但当遇到阿姆斯庄并与她交谈后，他杀人的欲望再一次被点燃。

2002 年 5 月，斯泰纳出现在法庭上接受审判。斯泰纳声称自己精神失常，对所招供的内容拒不承认。斯泰纳的辩护律师说，斯泰纳的家族有多年性虐待和精神疾病的历史。在接受警方审讯的时候，斯泰纳就表现得有点儿不正常，他表示自己可以招供，但警方必须得答应他两个条件。第一个条件是为他提供儿童色情作品，第二个条件是在距离家最近的监狱服刑。

斯泰纳的父亲也出现在法庭上，他说当年自己的小儿子史蒂夫被一个恋童癖绑架过。当时一家人的所有注意力都集中在史蒂夫身上，从而忽略了斯泰纳，作为一个父亲他对没有给予斯泰纳足够的关怀而感到愧疚。

12月12日，判决结果出来了。陪审团一致认定斯泰纳精神正常，必须为4起谋杀案负责，他被判处死刑。之后斯泰纳就被送到圣昆汀监狱死刑因牢中等待行刑。

2003年，被害人卡罗尔的家属将雪松小屋酒店告上法庭，并要求赔偿100万美元。最终，卡罗尔的家属胜诉。

在联邦调查局看来，虽然凶手已经抓捕归案了，但卡罗尔、西尔维纳、朱莉被害案中仍然存在许多疑点，FBI怀疑很可能是团伙作案。

在卡罗尔、西尔维纳、朱莉被袭击的时候，她们是3个人，斯泰纳只是一个人。尽管斯泰纳是个体格魁梧的男人，而且手中持有武器，但想要一下子制服3个人还是很困难的。再者，斯泰纳指示警方寻找朱莉尸体的那封信末尾和他刻在卡罗尔的旁蒂克汽车上的那句话中，他用的是"我们"而不是"我"。

这两处疑点让FBI认为，斯泰纳并非单独作案，而是有同伙的协助。只是斯泰纳的同伙可能在警察排查那些有前科的强奸犯、毒品交易者和暴力袭击的人的时候被关押了，没了同伙，斯泰纳只能寻找独居、独行的女性继续作案。

1961年8月13日，斯泰纳出生于加州默塞德一个普通家庭。在斯泰纳11岁的时候，家里发生了一件大事，他最小的弟弟史蒂夫被一个恋童癖绑走了。

在之后的 8 年内，斯泰纳的父母将所有的心思都放在了寻找史蒂夫上，根本无暇照顾家里的其他孩子，斯泰纳只能与叔叔生活在一起。

1980 年，史蒂夫回到了家中，他成功摆脱了恋童癖的控制。在失踪的 8 年里，史蒂夫一直被囚禁折磨。回到家中后，史蒂夫得到了父母所有的关爱。此外，史蒂夫还受到了全国各大媒体的争相报道，他的故事还被改编成了小说和电影。一时间，史蒂夫成了名人。当时的斯泰纳已经 19 岁，正处于渴望被人关注的叛逆青春期。但史蒂夫却夺走了所有人的注意力。

不久，史蒂夫就在一次车祸中丧生了。第二年，斯泰纳的家里又发生了一场悲剧，他的叔叔被人杀害了。有人怀疑，杀死叔叔的凶手就是斯泰纳，因为斯泰纳声称自己曾遭受过叔叔的性虐待。

成年后的斯泰纳一直沉浸在杀人的幻想中。1991 年，斯泰纳 30 岁，他有了自杀的念头，但他并未自杀成功。1997 年，斯泰纳因持有大麻和甲基苯丙胺被警方逮捕。不久之后，指控就被撤销了。

很快，斯泰纳在约塞米特蒂公园附近的雪松小屋酒店找了一份维修的工作。

这家酒店有一个福利，即给员工提供住宿，斯泰纳就住进了员工宿舍。

在同事们的眼中，斯泰纳是个很正常的普通人，除了维修电器外，还会帮着收拾房间，做一些类似更换毛巾之类的琐事。在同事们看来，斯泰纳不会到处惹是生非，绝对不可能是个暴力狂。可是，真相远非他们的想象。

【隐藏的犯罪欲望】

根据斯泰纳及其辩护律师的说法，他会成为一名连环杀手，与他遭受性虐待和被忽视的童年经历密切相关。这显然是斯泰纳为了减轻罪责捏造的说辞，他在 7 岁的时候就已经有了杀人的幻想，那个时候史蒂夫还没有被绑架。

在一个人成长的过程中，父母起到了十分重要的作用。因此一些心理学家经常将不良少年与不称职的父母联系在一起。像斯泰纳这个连环杀手，一些心理学家会将形成原因归结到被父母忽视、被叔叔性虐待上。持有这种观点的心理学家认为，一个孩子不仅会在物质上依赖父母，还在情感上依赖父母。因此孩子会模仿父母，甚至会将父母当成自己的榜样。

斯泰纳的父母的确不够关心他，对于斯泰纳来说，他是被父母忽视的孩子。虽然像斯泰纳家庭所经历的遭遇比较罕见，但有许多孩子和斯泰纳一样也是在父母的忽视下长大的。例如有的父母忙于工作，根本没时间也没心思关心孩子。但这些孩子长大后都是守法公民，并未像斯泰纳一样经常沉浸在杀人的幻想中。

遭受虐待或性虐待，的确会给当事人的心理带来不良影响，当事人会变得焦虑、抑郁、愤怒。但受虐者会用不同的态度面对遭受虐待的经历。有的受虐者会努力摆脱阴影，从而融入正常人的生活中。

根据斯泰纳的同事们反映，斯泰纳是个十分正常的普通人，他之前也没有犯罪前科，只是因持有毒品被捕过。那么，他为什么会一下子犯下强奸杀人如此严重的罪行呢？而且短时间内就杀死了 4 个人。

斯泰纳是个十分擅长伪装的人。他从 7 岁开始就已经有了杀人的幻想，并且喜欢看和连环杀手有关的书籍，还会从一些犯罪纪录片中学习反侦查技巧。由此可见，在与他人相处的过程中，斯泰纳十分狡猾地隐藏了自己这种见不得人的欲望和爱好。

在庭审的时候，斯泰纳没有公开自己的犯罪意图，他只是在为自己脱罪。但是审讯中斯泰纳表达出了自己的犯罪意图，他从杀人中体会到了满足感，觉得这是他人生中第一次掌握主动权，由此可见他十分享受杀人的感觉。

当我们试图对一个人的性格进行描述的时候，通常会联想起他平时的表现，例如他平时的言行，例如是否爱发脾气或是做出一些出格的事情等。因此，斯泰纳的同事们在得知他犯下如此残忍的罪行时会感到吃惊。

不少连环杀手像斯泰纳一样，在家人、朋友、同事面前表现得十分正常，甚至会是个乐于助人的人。当他所犯下的罪行被揭穿的时候，他周围的人都会非常震惊，认为他一定经历了什么变故才会一下子变成一个十恶不赦的魔鬼。但事实上，他骨子里一直是个恶魔，只是十分擅长隐藏自己的犯罪欲望。

Criminal Psychology

写下详细报道的记者杀手——

弗拉多·塔内斯基

2008 年 6 月 24 日清晨，一名杀死 3 名老妇的犯罪嫌疑人弗拉多·塔内斯基被狱警发现死在了关押他的监狱里，塔内斯基的尸体被发现时正跪在地上，他的头部朝下趴在水池里。警方通过调查发现，塔内斯基死于窒息，是自杀。由于犯罪嫌疑人的突然死亡，警方的调查工作只能中断。

2005 年，在欧洲小国马其顿的柯希沃城发生了一起命案，有人在垃圾堆里发现了一名老妇的尸体，尸体被包裹在一堆塑料之中，全身赤裸、脖子上有明显的勒痕、身上有多处淤青。死者是米特拉·西丽亚诺斯卡，61 岁。尸检结果显示，米特拉的身体上出现多处骨折，而且体内还有精液。这是一起十分恶劣的谋杀案，在马其顿引起了不小的轰动。

警方在寻找凶手的时候，把搜索范围锁定在了老光棍身上，警方认为被害人米特拉生活贫困且没有什么仇人，而且遭受了性侵，很难想象什么人会对一名 61 岁的老人实施性侵。因此警方认为凶手一定是个性欲十分强烈的老光棍。但是警方并未筛查到合适的嫌疑人。

2007 年 2 月，又出现了一起老妇被害案，死者是 56 岁的柳比查·利绍斯卡。柳比查的尸体上有许多淤青、勒痕和锐器所造成的伤口。此外尸检结果显示，柳比查的腹部有硬物，很显然凶手是在羞辱死者。

2008 年 5 月，第三起老妇被害案发生了，死者是 65 岁的伊凡娜·塔梅尔克斯，她的死状与前两个被害人十分相似，这让警方开始怀疑这 3 起谋杀案是同一个凶手所为。而且警方通过调查发现，3 名被害人的身份十分相像，经济状况不好，都在医院里当清洁工。此外，警方还联想到了 2003 年发生的一起失踪案，失踪者是一名79岁的老妇，名叫戈丽察·帕夫莱夫斯卡，与这3名被害人的状况非常相似。警方开始怀疑，戈丽察很可能已经被害了，只是她的尸体可能只有凶手才知道在哪里。警方意识到凶手是一个连环杀人狂魔，而且专找老妇下手，只是茫茫人海，该去哪里寻找凶手呢？很快，凶手主动给警方送来了线索。

在《新马其顿报》的社会版上刊登了一篇头版文章，这篇文章是有关最近发生的3起老妇被害案的。一份报纸刊登当地所发生的轰动性命案并不是稀奇事，但这篇文章的奇特之处在于，向读者讲述了许多案件细节，就连勒死被害人的电话线型号都被写了出来，最关键的是，这些细节的描写都是正确的。

在一起刑事案件没有破获之前，案件细节一般只有警方才知道，警方不会轻易向社会公开案件的细节。有时候即使犯罪嫌疑人被抓捕了，在进行开庭审理之前，警方也不会公开案件细节。

警方之所以如此重视案件细节的保密工作，并不是为了故弄玄虚，也不是为了包庇某个人，只是因为没有定案的刑事案件，所有的侦查信息都得保密。这样做一方面为了防止疯子主动认罪，实际上凶手并不是他；另一方面案件细节可以作为指控犯罪嫌疑人的证据。例如，一个人如果是犯罪嫌疑人，并交代出了一个没有公开的案件细节，例如尸体的摆放姿势，那么他是凶手的可能性就会非常大。

在《新马其顿报》上所刊登的这篇文章中，虽然写这篇文章的记者表示他只是在推测这3起谋杀案，但他所揭露出的细节都是警方未曾向外界公开的，那么他是如何知道的呢？只有一种合理的解释，即他就是凶手。于是写这篇文章的记者塔内斯基成了主要的嫌疑人。

塔内斯基在《新马其顿报》报社工作了 20 多年，在当地颇有名气。在 2005 年的米特拉被害案中，警方曾误抓过两个人，当时塔内斯基还去参加了这两名替罪羊的庭审，还专门为他们写了一篇报道。那以后不久，塔内斯基就离开了《新马其顿报》报社，跳槽到另一家报社工作，并在 2008 年 1 月辞职。

警方找到了塔内斯基。塔内斯基否认这 3 起老妇被害案与自己有关，他向警方表示自己只是在行使作为一名记者的新闻报道权。塔内斯基这种坚决否认的态度让警方产生了动摇，毕竟塔内斯基是个口碑不错的记者，如果警方误抓了塔内斯基，那么社会舆论一定会给警方带来不利的影响。

随着调查的深入，警方发现了一条十分有价值的线索，即 3 名被害的老妇都与塔内斯基的母亲认识，在警方看来这当然不可能是个巧合。于是塔内斯基被警方传讯，警方从塔内斯基那里得到了他的 DNA 样本。警方将塔内斯基的 DNA 与被害人体内提取到的精液 DNA 进行了比对，比对结果显示，精液属于塔内斯基，这说明塔内斯基就是制造这起老妇连环凶杀案的凶手。

6 月 22 日下午，警方在塔内斯基的住所将其逮捕。在随后的搜查工作中，警方在塔内斯基的住所内发现了大量的色情录像带和照片。

在接受警方审问的过程中，塔内斯基拒绝承认任何一起谋杀案、拒绝律师援助，他只提出了一个要求，要和前妻见面。后来塔内斯基就在囚室里自杀了，尽管警方的调查工作不得不终止，但 DNA 比对结果绝对可以证明塔内斯基就是制造 3 起老妇凶手案的凶手。

当马其顿的民众得知塔内斯基就是那个连环杀人狂魔后十分震惊，警方表示这是马其顿历史上影响最恶劣的案件。凡是认识塔内斯基的人都不相信他会做出这样的事情来。塔内斯基曾有过一段婚姻，有两个孩子，不过这段婚姻最后以离婚收场。

塔内斯基的前妻在接受电视台的采访时表示，塔内斯基并不是一个凶残的人，相反他在日常生活中是个很安静、很绅士的人，很少会生气。但当塔内斯基与父母见面时就好像变了一个人一样，他经常会忍不住大发雷霆。

被害人的亲属得知塔内斯基就是凶手时，既震惊又愤怒。被害人伊凡娜的儿子曾在母亲被害后不久见过塔内斯基，当时塔内斯基以记者的身份询问了许多问题，有些问题太过私密，伊凡娜的儿子就没有回答他。当时，伊凡娜的儿子怎么也想不到塔内斯基就是杀害他母亲的凶手。

柳比查的妹妹在得知塔内斯基就是凶手时同样十分震惊，之前塔内斯基还曾向她要过姐姐柳比查的照片。

【糟糕的母子关系造就的变态杀手】

虽然科学可以证明塔内斯基就是凶手，却无法验证塔内斯基的犯罪动机。塔内斯基为什么要用如此残忍的手段杀害那些老妇？甚至还要对老妇进行性侵害呢？在 3 名被害老妇中，她们有一个共同的特点，即她们与塔内斯基的母亲十分相似，而塔内斯基与母亲的关系非常糟糕。

在塔内斯基很小的时候，他的父母就离婚了。父母离婚后，塔内斯基与父亲一起生活。塔内斯基与继母的关系也很糟糕，他的父亲在 1990 年自杀后，他与继母就不再联系了。

塔内斯基的母亲在医院里做清洁工，私生活十分混乱，同时与好几个男人保持着情人的关系，他经常因为此事与母亲发生争吵，甚至威胁要与母亲断绝母子关系。这 3 名被害老妇也都是医院里的清洁工，而且同样私生活混乱，或许正是因为对母亲的憎恨，塔内斯基才会犯下如此残忍的罪行。

母亲在一个人的成长过程中扮演着十分重要的角色。美国著名心理学家哈利·哈洛用他的恒河猴实验揭示了"有奶就是娘"这个观点的错误。对于恒河猴这种群居动物而言，即使幼猴得到了实验者的科学喂养，但没有母亲的陪伴，它们也不会健康成长，它们的身体很容易生病，而且长大后很难融入猴群之中，会表现出退缩和攻击性。这个实验结果同样适用于人类，对于一个人而言，在幼年时期与母亲形成健康、安全的依恋关系会直接影响他以后人生中社会关系的质量。

如果一个人与母亲的关系冷漠，甚至上升到了仇恨的地步，那么他就无法与人产生共情，很容易陷入强烈的焦虑和愤怒之中，从而导致暴力行为的出现。

虽然与母亲糟糕的关系可能会成为一个人走上犯罪道路的风险因素，但并不是主要因素。也就是说，憎恨母亲与反社会犯罪行为之间并不具备必然的因果联系。塔内斯基不能因为与母亲的关系糟糕，或是憎恨母亲私生活混乱，就有理由犯下如此残忍的罪行。

Criminal Psychology

原因不明的臭味——

安东尼·索维尔

　　从 2007 年起，俄亥俄州克利夫兰市东部的帝国大道 12205 号附近开始出现一股原因不明的臭味，当地居民觉得臭味的源头是附近的一家香肠工厂。居民们屡次到城市管理部门和健康部门投诉该香肠工厂，香肠工厂甚至还花费了数万美元去清理排污系统，但那股臭味还是挥之不去。

　　直到 2009 年 10 月 29 日，警方进入 12205 号住户安东尼·索维尔的家中后，臭味的来源才被搞清楚。

　　9 月 22 日，拉顿德拉·比立普斯来到警察局控告索维尔袭击并性侵她。9 月中旬的一天，比立普斯接受了索维尔的邀请，到他家中喝酒。就在两个人喝得很愉快的时候，索维尔突然发火并袭击了她，对着她又打又掐，还拿出电线将她勒晕。

当比立普斯恢复意识时，发现自己遭到了性侵，她十分害怕，于是剧烈地反抗起来，趁着索维尔不备从三楼的一个窗户跳了下去。在安全后，比立普斯越想越害怕，她感觉如果不是自己鼓起勇气从楼上跳下来，极有可能会死在索维尔家中。于是，比立普斯鼓起勇气来到警察局报案。

当地警察局只当这是一起性侵案，在申请到逮捕令和搜查令后只派了两名警察到索维尔家中调查取证。当时索维尔并没有在家，他在大街上游荡，寻找新的猎物，那条大街上有许多嗑药的女性，很容易在毒品或美酒的引诱下和索维尔回家。两名警察一进门就闻到了一股古怪的臭味，于是对这幢公寓进行了搜查。

两名警察在三楼发现了两个女人的尸体，两具女尸就坐在那里，已经开始慢慢腐烂。两名警察立刻意识到了问题的严重性，于是叫来了更多的警察和犯罪现场调查员。

两天后，索维尔在自家公寓附近出现，在他还没反应过来时，就已经被警方抓住。在之后的大约一周时间内，警方在索维尔的公寓内发现了更多的女尸。

索维尔的住所有一个地下室，地下室的地板下面是供电线、水管通过的地方，里面有一个十分狭小的空间，藏着4具女性尸体。索维尔的后院也不干净，埋着3具女性尸体以及另一名女性的残骸。最后，警方又在索维尔的房间里发现了一个人类的头骨，头骨被放在了一个铁桶里。这些证据显示，至少有11名女性死在了索维尔的手中。

克里斯特尔·多齐尔是索维尔杀死的第一个女性。克里斯特尔被害时35岁，有7个孩子，她的生活一直非常糟糕，在13岁时就怀孕，17岁已经是两个孩子的母亲。或许是因为生活的不如意，克里斯特尔染上了可卡因，常常在普莱森特大街上游荡着。在 2007 年 5 月 17 日，索维尔看到了游荡着的克里斯特尔，就邀请她去自己家中喝酒。

索维尔表现得十分亲切，克里斯特尔就答应了。来到索维尔家中后，克里斯特尔并未提高警惕，因为这里太适合狂欢了，到处都是啤酒瓶和啤酒罐。

喝着喝着，索维尔突然撕下了自己亲切、正常的面具，变得凶狠起来，他跳到克里斯特尔的身上，掐住了她的脖子。这是索维尔犯下的第一起命案，在此之前索维尔只是性侵，并未杀人。

警方在索维尔房间的铁桶里发现的那颗头骨属于乐珊达·朗，她被害的时候只有 17 岁，是索维尔杀害的女性中最年轻的一个。乐珊达尽管只有 17 岁，却已经是 3 个孩子的母亲。在索维尔被捕后，警方只发现了乐珊达的头骨，她的亲属甚至没有尸身可以下葬。

金·Y.史密斯也是被害人之一，她在 2009 年 1 月 17 日被索维尔杀害。与其他被害人不同，史密斯成长于一个正常家庭，她的生活并不糟糕，早期也不是问题儿童，她与父亲的关系十分密切。在史密斯十几岁的时候，她染上了毒品。在史密斯失踪之后，她的父亲一直在努力寻找她，甚至还给出了高额的赏金。在索维尔被捕之后，史密斯的父亲通过 DNA 找到了女儿的骸骨。

早在 1989 年，一名女子来到警察局报案，她声称遭到了索维尔的性侵。该女子因吸毒与索维尔相识，后来被索维尔骗到家中，索维尔说她的男朋友在自己家里等她。来到索维尔家中后，女子没有看到男朋友，反而遭到了索维尔的袭击。索维尔将她捆绑起来并多次性侵她。后来，索维尔便开始喝酒，直到睡着。趁着索维尔熟睡之际，女子从索维尔的家中逃了出来。

成功逃脱后，该女子一直犹豫着要不要去报警，她担心警察会发现自己吸毒的前科。最终，女子还是决定报警。警方在了解了基本情况之后，立刻带着逮捕令去索维尔家中，此时索维尔已经不知去向了。

1990年6月24日，警察局再次接到一名女子对索维尔的强奸指控。那一天，该女子应邀到索维尔家中喝酒。喝到一半时，索维尔突然掐住了她的脖子，并开始殴打她。当女子不再反抗时，索维尔就强奸了她，还不停地辱骂道："你是个婊子，要学会习惯这样。"

到了晚上，索维尔将女子拖到楼上，继续强奸她。其间，女子一直苦苦哀求索维尔放过她。索维尔无视女子的求饶，反而逼迫她说"是的，我喜欢这样"。后来索维尔累了，就睡着了，女子这才有机会逃了出来。

在索维尔被捕的当天，他正在家里睡觉。最终，索维尔因绑架、强奸等罪名被判处15年监禁。在此之前，索维尔就是警察局的常客，常常因为施暴、醉酒驾驶、持有毒品以及在公开场合酗酒等问题被警察请到警局。

索维尔很适合监狱里条条框框的生活，他适应得很好，他不仅听话、遵守命令和指示，还是监狱里的模范犯人，并参加了匿名戒酒互助组织，他知道自己有酗酒的毛病。服刑期间，索维尔通过自己的努力获得了高中毕业证。

2005年，索维尔获得了释放。此时的索维尔已经46岁，他搬到帝国大道12205号与继母生活在一起。在索维尔服刑期间，他的父亲已经过世了。

索维尔经常会以喝酒、提供住宿、举行派对、烤肉等名义邀请女性到他家中做客。住在索维尔对面的多丝就曾被邀请过，在多丝看来索维尔并不是一个擅长花言巧语的男人，甚至有点儿古怪。在喝酒时，索维尔毫不忌讳地表示他进过监狱，但他声称自己是被冤枉的。

不久之后，索维尔的生活开始走上正轨，他交了一个女朋友，还在一家橡胶厂找了一份工作。索维尔的女友名叫洛丽，还是市长的侄女，在两个人交往后，洛丽就搬到了索维尔的家中，两个人开始了3年的同居生活，经常成双成对出入。

自2007年起，索维尔的生活变得支离破碎起来。洛丽向索维尔提出了分手，并搬走了。不久之后，索维尔失去了工作，开始捡金属废品贩卖。索维尔的收入全部拿来吸毒和喝酒。

后来，索维尔注册了一个在线约会网站，经常在该网站上寻找一些有受虐倾向的女子，他俨然在扮演"主人"的角色，而与他约会的女性则是可以让他训练的"奴隶"。与此同时，索维尔所在公寓的附近开始出现原因不明的臭味。这些臭味都是腐烂的尸体散发出来的，一些女性被索维尔以参加派对或喝酒等理由骗到家中，然后被索维尔杀死。

作为一个曾因性侵罪被判入狱的人，索维尔被登记在案，会有政府官员定期到他家中进行查访。但查访者从未进入索维尔的家中，如果查访者进去过，一定会注意到那股古怪的臭味。在查访者看来，索维尔好像过得不错，已经完全适应了社会。索维尔也总是告诉查访者，监狱改变了他，将他变成了一个好人。

2008年12月的一天晚上，索维尔家附近的一家警局门口出现了一个满身是血的女子，她是被害人之一，名叫格拉迪斯·韦德，已经陷入昏迷之中。格拉迪斯醒来后告诉警方，她被索维尔拖到车道上殴打。最后，索维尔被逮捕了，但不久之后索维尔就重获自由，因为证据不够充分。此后，先后有6名女性死在了索维尔的手上，如果不是索维尔被捕，将会有更多的女性被害。

在索维尔被捕前，当地警方对接连发生的人口失踪案并未重视起来。每当警方接到被害人家属的失踪报案时，都会对家属说，等失踪者嗑完药就会回家。从某种程度上，警方和索维尔对这些被害人都是轻视的。

这些被害人大多生活很糟糕，年纪轻轻就已经身为人母，而且一直嗑药。例如，其中一名被害人名叫阿曼尔达·亨特，她在 14 岁的时候就有了孩子，她的女儿从出生起就是个聋子，还有脑瘫。这让阿曼尔达的心情十分苦闷，于是她开始从毒品中寻找安慰。

在接受审讯的时候，索维尔表示自己扮演着惩罚者的角色，他觉得被害人已经有了孩子，就不应该整日在大街上游荡，更不应该酗酒和吸毒。

2011 年 6 月，克利夫兰市法院开始审理索维尔连环杀人案。在此之前，索维尔从未向调查员提起过自己的童年经历，但在法庭上索维尔谈到了自己糟糕的童年。

在索维尔的成长过程中，父亲一直缺席，他的父母在他很小的时候就离婚了，他与哥哥、妹妹由母亲克劳迪娅·班森·加里森带大，他们都居住在外祖母的家中，这是一幢两层公寓，位于克利夫兰市东部的佩奇大道，公寓后面有一个漂亮的后院，索维尔和其他孩子经常在那里玩耍。

索维尔的周围有许多非常强势的母性角色，他的母亲和外祖母都很严厉，经常殴打孩子，会用电线将孩子抽打到流血为止。

1968 年，此时的索维尔 9 岁，他的姨母因慢性病去世，于是姨母的 6 个孩子全都搬来与索维尔一起居住。从此之后，家庭暴力在这个家庭中发生得越来越频繁。索维尔的母亲克劳迪娅扮演着施暴者的角色，她总会殴打孩子，其中索维尔姨母的孩子挨打的次数最多。

在法庭上，在索维尔描述自己悲惨的童年生活后，立刻站出来一位女性反对索维尔的说辞，她就是利昂娜，索维尔的表妹。利昂娜表示索维尔不仅是个被害人，同时还是个作恶者，她和自己的双胞胎妹妹经常遭到索维尔的性侵和虐待。

克劳迪娅在惩罚利昂娜这对双胞胎姐妹时，总会强迫她们脱光衣服站在那里，即使男孩子们在场也会如此要求。然后克劳迪娅会将她们绑到楼梯的扶栏上，并用电线抽打她们。索维尔不仅不同情这对双胞胎姐妹，还经常诬陷她们。有一次，索维尔偷喝了外祖母的可乐，栽赃到表妹身上，这给表妹带来了一顿毒打并让她连续几天没有饭吃。

随着年龄的增长，利昂娜和妹妹的身体开始发育，当她们被迫脱光衣服时，家里的男孩子们能清楚地发现这一点，包括索维尔在内。有一天，利昂娜被索维尔强行带到卧室内，并强迫利昂娜脱光衣服，最后索维尔强暴了利昂娜，当时索维尔只有 11 岁，利昂娜也只有 10 岁。

从此之后，利昂娜的噩梦开始了，她经常遭受家里男孩子们的强暴。这个家庭已经被暴力和性暴力弄得扭曲起来。

在邻居们看来，索维尔是个害羞、胆怯的男孩，虽然内向但很懂礼貌。在街上遇到熟人时，索维尔不会主动与人打招呼聊天，不过他总是面带笑容，当对方主动和他打招呼时，索维尔会立刻友好地回应。

在学校，索维尔并不是一个引人注目的孩子，他总是充当背景，有时候还会受到同学的嘲弄。索维尔似乎有点儿社交障碍，到了高中时期更加不合群。高中时期的男孩女孩身体都已发育，男孩们待在一起总喜欢讨论和女人有关的话题，有的男孩甚至会在同伴们面前吹嘘自己的性经历。对此，索维尔从未融入其中。男孩们注意到索维尔的异常后，就开始嘲笑他是个处男。

1978 年，索维尔为了躲避女朋友意外怀孕带来的责任，就报名到美国海军陆战队服役。海军陆战队一直吸引着索维尔，在他看来能成为海军陆战队的一员是至高无上的荣耀。此外，参军对索维尔自己来说是最佳选择，他的学习成绩并不好，也没有特长，很难顺利地高中毕业。

索维尔被分配到北卡罗来纳州切里岬海军陆战队航空站的陆战队第二飞行联队。参军后，索维尔离开了混乱、性虐待的家庭生活环境，他的生活变得有规律起来，他还养成了许多好习惯。1984 年，索维尔被派到日本冲绳的巴特尔海军陆战队基地。服役期间，索维尔的表现一直很优秀，并获得了不少荣誉。索维尔还与一个名叫金姆·伊薇特·劳森的女性结了婚，婚后不久妻子还为他生下了一个孩子。

军队的生活与监狱的生活有着相似之处，都需要遵守严格的规定。索维尔很适合军队生活，就像他因强奸罪被捕入狱后十分适应监狱的生活一样。

1985 年，索维尔退役。在军队中，索维尔的生活被指令、纪律支配着，他就能像个正常人一样生活。但退役后，索维尔一直不走运。在巨大的经济压力下，他开始酗酒和嗑药，变得易怒，甚至还会诉诸暴力。一年之后，劳森再也无法忍受索维尔，就与索维尔离婚了，从此之后索维尔的生活更加混乱。

离婚后不久，索维尔回到了家乡。此时索维尔的家乡已远不如从前，变成了贫困和犯罪的聚集地，这里到处都是妓女和毒品交易，嗑药已经成为一种风潮。在这种混乱的环境中，索维尔变得更加放纵。

索维尔所犯下的确凿的 11 起谋杀案，案发时间主要集中在 2007 年至2009 年，其中，2009 年索维尔杀害了 8 名女性，这说明索维尔的杀人行为一直在不断地升级。最终，索维尔被判处了死刑，执行注射死刑的日期定在2012 年 1 月 29 日。后来，索维尔和他的新任辩护律师以媒体过度曝光影响了审判的公正性为由提起了上诉。2016 年 12 月 8 日，俄亥俄州最高法院驳回了上诉请求，维持原判死刑，并将行刑日期定在了 2020 年 11 月 18 日。2017 年5 月，索维尔再次向美国最高法院提起上诉。

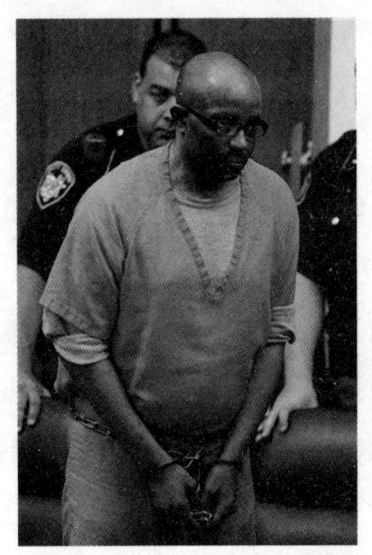

【生活空间与归属地】

在犯下连环谋杀案前，索维尔是个连环强奸犯。强奸不单单是性交，更是控制，索维尔能从强奸中获得力量上的优势。在索维尔少年时期，他生活在一个充满了暴力和性虐待的混乱家庭中，这种成长环境让索维尔学会了如何看待女性，他会从与表妹利昂娜强行发生性关系的过程中获得权力感。

在军队中，索维尔是个模范军人。在服刑期间，索维尔是个模范犯人。在与洛丽建立了稳定的男女朋友关系并找了一份稳定的工作时，索维尔是个正常的男人。但当索维尔的生活没有了纪律和面临巨大压力的时候，他就会陷入一个失败、没落和混乱的世界。

被害人都是被索维尔扼死的。有时，索维尔会用电线、绳子等物勒死被害人；有时，索维尔的双手会成为他的杀人工具，他会将被害人直接掐死。扼杀是一种非常吓人的杀戮方式，对于连环杀手来说却是一种非常享受的杀戮方式，能让他们在下手的时候感受到对方的生命正在渐渐消失，在这个过程中连环杀手会产生一种力量感，觉得自己完全掌控了对方的生命。总之，扼杀是对力量和对某个人的控制力的终极表达。

对于每个人来说，归属地是一个十分重要的生活空间，人们可以从中获得安全感和舒适感，这个地方通常是人们的家。当然不是所有的人都会把家当成归属地，有的人也会把自己的工作地点当成归属地。对于大多数连环杀手而言，归属地往往也是他们选择杀人的地点。

索维尔实施性侵和杀戮的地点都是在他的家中，他还将被害人的尸体藏在了家中，当家里藏不下时，他开始将尸体埋在后花园里。索维尔为什么要这么做呢？将尸体藏在家里，对索维尔来说是一种巨大的风险，只要有人活着走出他的家，或者警方进入他的家，他所有的犯罪行为都会暴露，而且一屋子都是能证明他罪行的证据。研究显示，当一个人从事犯罪活动的时候，通常倾向于将地点选择在自己住所附近，他会觉得这是自己的归属地，让自己觉得安全。有的连环杀手倾向于在归属地实施杀人行为，有的连环杀手则会在同一地点或同一区域杀人。此外，对于索维尔来说，被满屋子的尸体包围着就相当于被自己的成果包围着，尽管尸体会散发出令人难以忍受的恶臭。

并非所有人的归属地都是固定不变的，有一些人的归属地会一直发生变化。通常情况下，有两类人的归属地会经常发生变化。一类人是流浪者，另一类人则是因工作原因需要定期从某地到另外一个地方，例如卡车司机。著名的笑脸杀手基思·杰斯波森就是一个长途司机，他在杀人后会给警方或媒体寄信，信中常常画着笑脸。

在归属地问题上，常见的连环杀手类型有三种。第一种类型的连环杀手会将归属地作为犯罪现场，例如索维尔；第二种类型的连环杀手由于归属地一直在变化，所以会随处犯下命案，例如杰斯波森这个笑脸杀手；第三种类型是混合型的，会在杀人的时候不停地更换自己的归属地，例如著名的连环杀手泰德·邦迪在犯下连环杀人案期间曾多次搬家。

Criminal Psychology

王牌上校的双面人生——

拉塞尔·威廉斯

在电影《军官谋杀犯》中，男主角罗素·威廉姆斯上校与妻子生活在特威德小镇，他们是一对令人艳羡的完美夫妻组合，威廉姆斯是加拿大最大空军基地的指挥官，年轻有为，声名显赫，妻子是国家慈善机构的主管。本来特威德小镇的生活十分平静，但随着一系列怪异性侵案和谋杀案的出现，特威德小镇再也无法维持往日的宁静，警察局还成立了专案小组，专门调查这一系列案件，随着调查的深入，真凶渐渐浮出水面。结果令人震惊，凶手竟然是基地指挥官罗素·威廉姆斯上校，一个谁也没想到的人。

这部电影是根据真实事件改编的，加拿大王牌上校拉塞尔·威廉斯曾是加拿大军队特伦顿基地的指挥官，该基地是加拿大国内外航空运输中心，同时还是加拿大最大、最繁忙的空军基地。拉塞尔曾是加拿大军人的骄傲，是一名授勋的军队飞行员，曾经为伊丽莎白女王二世和菲利普亲王、总督、总理等加拿大政要驾驶过加拿大军队贵宾飞机。

2010年2月4日，拉塞尔进入警方视线。2010年1月28日，27岁的杰西卡·劳埃德失踪了。警方接到报案后在杰西卡住所附近的雪地上发现了明显的轮胎痕迹。随后警方对杰西卡住所附近高速公路上过往的汽车展开了比对调查，结果发现拉塞尔所驾驶汽车的轮胎痕迹与涉案车辆相吻合。

2010年2月7日，拉塞尔在渥太华警察总部接受了审讯，在整个过程中，拉塞尔承认了自己所犯下的罪行，他绑架、强奸并杀害了杰西卡。不只如此，拉塞尔还交代了另一起虐杀罪行，另外包括多起性侵和入室盗窃。拉塞尔还对警方坦白说，在渥太华的一处住所隐藏着许多罪证，那是他收藏的纪念品，他在性侵被害人时很喜欢拍照。

根据拉塞尔的交代，在2010年1月28日晚上，杰西卡被他绑架。随后拉塞尔将杰西卡带到了自己在特威德的小屋。之后的几天，杰西卡遭受了非人的性侵和折磨，最后拉塞尔用强力胶带封住杰西卡的口鼻杀死了她。整个过程被拉塞尔拍摄下来并制成视频，在他看来这是性爱录像带，可供以后观看。在拉塞尔被逮捕后，这段视频成了有力的证据。在视频中，杰西卡为了能活下来，一直屈服于拉塞尔的所有性变态指令，当她意识到自己难逃毒手时，向拉塞尔哀求道："如果我死了，你能让我的母亲知道我爱她吗？"这句话显然没有触动拉塞尔，杰西卡还是被拉塞尔残忍地杀害了。

根据拉塞尔的交代，另一个死在他手中的被害人名叫科莫，是一名38岁的下士。科莫和拉塞尔在某次军事飞行途中认识，当时科莫并不知道拉塞尔阴暗的一面，甚至还将其视作自己的偶像。从2008年5月起，科莫的噩梦就开始了，拉塞尔曾多次强行进入她的住所，她遭受了多次毒打和粗暴性侵，她以为只要自己忍受下来就可以了，但拉塞尔却起了杀心，他不顾科莫的苦苦哀求，用强力胶带封住科莫的口鼻，直到科莫窒息而死。拉塞尔将性侵和杀害科莫的过程拍摄成视频。当时不论是警方还是科莫的家人都未将科莫的死与拉塞尔联系起来，拉塞尔伪装得很好，甚至还给科莫的父亲写了一封慰问信，在信中拉塞尔虚情假意地安慰科莫的父亲。

除了杀害科莫、杰西卡两名女性外，拉塞尔还涉嫌多起入室强奸案和入室盗窃案。其中一名被害人是个21岁的单身母亲，她在遭受拉塞尔迫害的时候，双手被绳子捆住、眼睛被蒙住，拉塞尔强行与她发生了性关系并拍照。

据两名女性反映，她们的住所曾连续几天被盗，丢失的并非值钱的物品，而是女士内衣内裤，其中一名被害人的电脑上有拉塞尔的留言，威胁她不准报警。在拉塞尔被捕后，警方在他的住所发现了大量的女性内衣内裤，其中还有一些拉塞尔身着女性内衣内裤的照片。在拉塞尔被捕之前，当地发生的多起女性内衣内裤被盗案一直困扰着警方，他一般会选择从窗户进入被害人住所，有时也会采取撬锁破门而入的方式。

拉塞尔出生于英格兰，在加拿大长大，在他很小的时候父母就离婚了，因为母亲有了新欢，从那以后拉塞尔就和弟弟与母亲、继父生活在一起。由于继父因工作需要前往韩国，拉塞尔曾在韩国生活过一段时间，在那里他受到韩国孩子的嘲笑。后来，一家人回到了多伦多，母亲将拉塞尔和他的弟弟送到一所寄宿制的高中读书。

据拉塞尔的室友回忆，拉塞尔并不是一个合群的人，他每天都很严肃和沉默，不会融入男孩们的玩笑中。处于青春期的男孩私下里总喜欢讨论一些和女孩有关的话题，拉塞尔从来不会参与其中，他总是独自听歌。与许多男孩脏乱的个人生活环境不同，拉塞尔十分讲究整洁，他会将自己的衣服整齐地叠好，与乱糟糟的室友形成鲜明的对比。在拉塞尔的室友看来，拉塞尔是个没有任何社交技巧的人，即使想和拉塞尔进行十分简单的交谈，都变得非常困难。

进入大学后，拉塞尔开始变得有些霸道。当室友们还在为适应新的环境晕头转向的时候，拉塞尔就宣布了一些需要大家共同遵守的规定，例如如何轮流完成拉塞尔分配给每个室友的工作，包括某个星期谁负责买菜等。由于拉塞尔十分看重房间的整洁，他除了会让自己保持整洁外，还会说服室友，例如让室友进入房间前脱鞋并换上拖鞋。虽然拉塞尔不像在寄宿高中时那样令人反感，但他依旧是个离群索居的人，从来不会参加聚会。

杰夫是拉塞尔在大学期间关系不错的一个室友，在杰夫看来拉塞尔是个强迫症患者，尽管他不知道拉塞尔是否因此去看过医生。在杰夫眼中，如果拉塞尔不是强迫症，那么就没有谁能称得上强迫症了。杰夫表示，拉塞尔是个有点霸道的人，会让人想要和他保持一定距离的人。或许这也是拉塞尔很难融入周围人之中的原因所在。

拉塞尔非常喜欢搞些恶作剧，在他看来这些恶作剧就是一个人幽默的体现，但他的恶作剧却给室友们带来了许多惊吓。起初拉塞尔的恶作剧还是可以忍受的，例如将朋友准备的酒用水和醋替代、将可乐用酱油替代，或者给室友的镜子画上裂痕，让室友误以为自己的镜子破裂了。

可能是这些小打小闹的恶作剧再也无法让拉塞尔体会到乐趣，他的恶作剧的恶劣性质开始升级，尤其在大学最后一年，他的恶作剧常常会吓到室友。有一次，杰夫在进入自己的房间后，坐在书桌前开始学习。差不多半个小时后，当杰夫将所有的注意力都集中在学习上时，拉塞尔突然推开壁橱的门，将杰夫吓得魂飞魄散。原来，拉塞尔早在杰夫之前就进入了杰夫的房间，并站在壁橱里等待杰夫。

在大学期间，拉塞尔的一个室友的妹妹因骨癌去世了，当时拉塞尔还经常去室友家中表示慰问和支持。

拉塞尔很少在室友们面前提及自己的家庭生活，尤其是父母离婚的话题。有一次，室友们在提到父母离婚的话题时，拉塞尔表现得很痛苦，他表示自己不想谈及此事。从那以后，室友们就不再提及这个会令拉塞尔痛苦的话题了。

在节假日期间，当同学们外出游玩或回家的时候，拉塞尔总会孤独地待在校园里。正因如此，拉塞尔认识了一个来自日本的女学生，两人很快发展成了情侣关系。在这段情侣关系中，拉塞尔好像变了一个人，他不再霸道，总是对女友的要求唯命是从。不过在杰夫看来，那个日本女孩并不适合拉塞尔，他们虽然是情侣，却从未在公共场合有过身体上的接触，而且那个日本女孩学习很努力，基本上没什么空闲时间陪伴拉塞尔。

在大学四年级的时候，女友主动向拉塞尔提出了分手。这给拉塞尔带来了不小的打击，拉塞尔除了上课外，常常会将自己锁在房间里听音乐，有一次，一个朋友听到拉塞尔在房间里偷偷哭泣。

拉塞尔也曾试图努力挽回这段恋情，他给女友送去了十几朵玫瑰花，却被退了回来。这个日本女孩为了摆脱拉塞尔的纠缠甚至还找到杰夫，她对杰夫说，希望杰夫能好好劝劝拉塞尔，让他停下来。对于拉塞尔和这段恋情，日本女孩的态度很坚决，甚至拒绝提及拉塞尔。

失恋后的拉塞尔变得更加孤独和封闭，他拒绝一切形式的约会，例如外出吃饭或跳舞。当杰夫劝拉塞尔要多到外面走走时，都被拉塞尔拒绝了，他认为那样是没有用的。直到四年后，拉塞尔才有了新的女朋友，这个人就是拉塞尔的现任妻子玛丽·伊丽莎白·哈里曼。

在那段时间，拉塞尔所在的大学经常发生一些袭击和强奸案件，弄得人心惶惶的，晚上女生们为了保证自身的安全都会找男生护送。

大学毕业后，由于对飞行的兴趣，拉塞尔决定加入加拿大军队。此外拉塞尔还向加拿大皇家骑警提出申请，他在经过了严格的背景调查和面试后，被录用了，但拉塞尔却放弃了，他想要成为一名飞行员。在等待军队录用期间，拉塞尔有时会借用杰夫叔叔的塞斯纳小型飞机在空中进行飞行练习。

不到一年的时间，拉塞尔接到了电话，他收拾行李前往军事基地接受基础训练。1990 年，拉塞尔被派往加拿大军队飞行训练学校担任教练，并在一年后晋升为上尉。1999 年 11 月拉塞尔晋升为少校。2004 年，拉塞尔获得了加拿大皇家军事学院国防研究硕士学位。同年 6 月，拉塞尔晋升为中校。

2005 年 12 月至 2006 年 5 月，拉塞尔担任了一支秘密后勤部队的指挥官，为加拿大在阿富汗的军事行动提供支持。2006 年 7 月 21 日，拉塞尔被派往空军需求局工作，他的上司是安格斯·瓦特中将。2009 年，在瓦特中将的推荐下，拉塞尔被提升为上校。

后来拉塞尔成了加拿大军队特伦顿基地的指挥官，被视为军方的精英飞行员和闪亮明星。在所有人的心中，拉塞尔是个十分理智、有序的优秀军人，直到他的变态强奸杀人罪行被公开之后，人们才了解了这位王牌上校疯狂、残忍的一面。这在加拿大引起了震动，军方将他从部队除名，并剥夺了拉塞尔的军衔和勋章，只是军方无权剥夺拉塞尔的军饷。

2010 年 10 月 18 日，加拿大安大略省贝尔维尔的高等法院开庭审理拉塞尔所犯下的案件。拉塞尔身着白色衬衫、黑色外套，戴着手铐出现在法庭上。被害人杰西卡的母亲带着女儿的画像来到了法庭上，杰西卡的哥哥安迪表示，拉塞尔根本不需要道歉，他的致歉对于被害人家属和被害人来说没有任何意义，他们只想听到拉塞尔对所犯罪行的解释，只想知道真相。一名曾遭受拉塞尔性侵的被害人在法庭上表示，那段糟糕的性侵害经历一直是她的噩梦，她一直感到深深的恐惧并且有自杀的念头。

检察官罗伯特·莫里森说，拉塞尔的电脑中保存了数千张可以证明他罪行的照片，他穿着自己偷来的内衣和内裤，躺在被害人的床上自慰。有张照片显示，拉塞尔穿着一个女孩的粉红色内衣，莫里森暗示，拉塞尔极有可能穿着那条粉红色内裤去了他指挥的基地工作。这位双面上校最终得到了应有的惩罚。

【恋物癖与犯罪】

拉塞尔表现出了恋物癖的特征。恋物癖属于性偏好障碍，通常会出现在男性身上，具体表现就是需要通过某种非生命的物品来进行性唤起，如果没有了这种非生命的物品或是不能想象该物品，那么就无法产生性欲。例如一位迷恋女性鞋子的男士在结婚后，与妻子同房时，必须看见或想象女性鞋子才可以。

恋物癖患者的迷恋对象虽然都是无生命的，但与人体是密切相关的，例如女性内衣、丝袜、头发、鞋子等都是恋物癖患者经常选择的对象。这些东西都是女性的贴身物品，很少有恋物癖患者会对石头之类的东西产生兴趣。

恋物癖被许多人看成一种变态行为，是备受歧视的，是应该接受治疗的精神病。不过随着社会价值观变得越来越多元化，恋物癖也渐渐被人们所接受，但前提是必须保证恋物癖不会危害他人和社会。当然，同时也必须得到妻子的支持。

有些恋物癖患者觉得恋物癖很正常，但也有些恋物癖患者会为自己的这种习惯感到羞耻，但是他又无法摆脱恋物癖，常常会因此被沮丧和焦虑的情绪所笼罩。如果恋物癖的患者产生了精神痛苦的问题，那么就必须接受治疗了。有些恋物癖患者对女性内衣非常钟爱，但他却不会自己花钱购买，而是选择偷窃，只有这样他才会觉得满足。这样一来，恋物癖患者就会面临触犯法律的问题，因为他的这种行为给他人造成了财产损失。

不少恋物癖都产生于青春期，青春期属于性萌芽阶段，虽然青少年对性知识一知半解，但是依然会有性冲动，这一点在男孩子身上表现得尤为明显。在这个特殊的阶段，男孩子很容易在好奇心的指引下打开性这个潘多拉的魔盒，会出现性异常。尤其是那些性格内向的男孩子，因为他们没有正常的渠道来满足自己有关性方面的好奇心和性冲动。

恋物癖患者通常都是一些人际关系贫乏的人，而且性格内向。甚至有的男性已经成年，但由于人际关系的危机而产生恋物癖。拉塞尔的高中和大学同学都表示，拉塞尔不是一个擅长社交的人。拉塞尔在大学期间，曾和一个日本女性建立了恋爱关系，但在女友提出分手后，拉塞尔一直无法走出失恋的阴影，变得更加封闭和孤独。

关于恋物癖的成因，主要有两方面的解释。一方面是生理的，该观点认为恋物癖行为与下丘脑中枢神经介质分泌失调有关；另一方面则是患者的个人经历，通常起源于童年时期或青春期。

如果恋物癖的行为给患者带来痛苦，而且还会让患者惹上法律纠纷，那么就不得不采取手段进行治疗。恋物癖与异装癖一样，无法通过药物治疗，必须实施心理治疗。

恋物癖也是一种强化的习惯，是患者通过反复练习而养成的。因此，可以采用强制手段，让患者养成另一种良好的习惯，但前提条件是必须改变患者的认知，让患者意识到自己的这种行为是错误的。当然也可以通过厌恶疗法来进行纠正，让患者把恋物癖的习惯与痛苦的感受联系在一起，从而达到治疗的目的。

不过也有观点认为，想要避免恋物癖的出现就必须从孩子童年时期抓起，尤其是在孩子青春期的时候对其进行正确的性教育，既满足孩子对异性的好奇心，也可以避免恋物癖、异装癖这类异常性行为的出现。

本案中的拉塞尔就像一个双面人一样，他过着双重生活。一方面，拉塞尔的个性中存在着理智、高度组织化的一面，这是拉塞尔之所以能在军队中快速晋升的原因所在。提拔过拉塞尔的瓦特中将对拉塞尔的印象就不错，在他看来拉塞尔是个勤奋、能干的年轻人，具有不错的领导能力和技术水平，一定会在军中取得不错的成绩。但当瓦特中将得知拉塞尔所犯下的罪行，了解拉塞尔疯狂的一面后，他表示十分震惊，他像许多人一样无法想象像拉塞尔这样一个身居领导层的高级别军官会犯下这样残忍的罪行。在瓦特中将看来，拉塞尔将身边的人都迷惑住了。事实上，拉塞尔只是向瓦特中将等人展示了自己理智、冷静的一面，而在被害人面前展现了疯狂的一面，总之他是个冷静与疯狂并存的人。

拉塞尔在被关押期间，曾进行绝食抗议并试图自杀。他之所以决定认罪与妻子玛丽有关。当拉塞尔的罪行被曝光之后，玛丽受到了重大的打击，她将自己关在家中，不与亲朋好友见面，也不接电话。当拉塞尔了解了玛丽的情况后就决定不再做垂死挣扎，他认为只要自己认罪，就可以尽量减轻对玛丽的打击，而且还能避免庞大的诉讼费用。这是一个十分冷静而理智的决定，在陷入如此困境的情况下，拉塞尔还能理智地判断利害得失，从而做出最有利的决定，由此可见拉塞尔是个非常冷静的人，也表现出了他的双面人特征。

加拿大著名犯罪心理学家戈杰尔认为，拉塞尔拥有一种双面人生，他表面上是个成功的军人，背后却是一个强奸杀人犯，是个典型的精神病态者。其实像拉塞尔这样的精神病态者并不罕见，许多社会上的成功人士就像拉塞尔一样冷漠而疯狂，并且十分擅长隐藏自己的性异常秘密。

精神病态者是一个非常特殊的群体，他们表面上看起来十分理智，是个精神健全的人，甚至还很有智慧，在周围人看来是个十分迷人的人。但精神病态者的心理实际上是不健全的，因为他们会做出一些疯狂的、令人难以接受的事情，甚至会犯罪。这是因为精神病态者都是天生的道德残疾者，他们的情感匮乏，普通人所拥有的羞耻感、内疚感和焦虑感等高级情感能力，他们都没有，因此，精神病态者会理智而冷静地做出一些对自己有利的决定，同时会以自我为中心，做出一些不计后果的疯狂举动。

Criminal Psychology

情侣相约动手杀死父母——

尼希米·格里戈

　　2013 年 1 月 19 日的夜晚，新墨西哥州伯纳利欧县的警方接到报警电话，报警人是个教堂的门卫，他告诉警方有一个十几岁的少年对他说，家里的人都被人杀死了。这个少年 15 岁，名叫尼希米·格里戈。

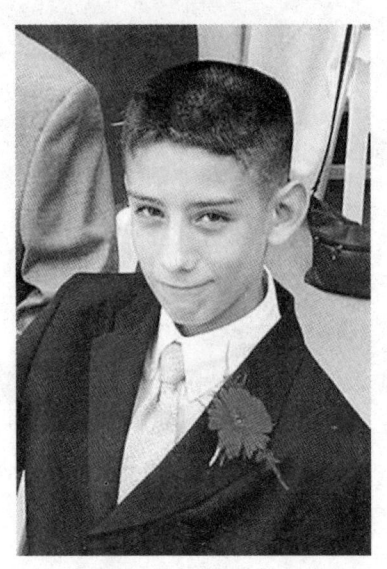

　　当警方赶到格里戈的家中后看到了非常凄惨的一幕，这家的男主人，也就是格里戈的父亲被人射杀在客厅，女主人即格里戈的母亲死在了卧室。此外这家的另外三个孩子，即格里戈的弟弟和两个妹妹也被人射杀。那么，到底是谁制造了这起惨案呢？随着警方对案件的调查越来越深入，真凶渐渐浮出了水面。真凶令人震惊，就是这个家庭的长子，即格里戈。

　　在案发当晚，格里戈趁着一家人熟睡之后，先来到了主卧。这天晚上，格里戈的父亲加班，要很晚才会回家。主卧里睡着格里戈的母亲，格里戈朝母亲开了一枪，他的母亲就这样在睡梦中遇害了。

格里戈的弟弟泽凡尼只有 9 岁，他被枪声惊醒后，就前往主卧查看发生了什么。格里戈与泽凡尼在走廊上相遇，他将泽凡尼带到了主卧，并指着母亲的尸体对泽凡尼说他杀死了母亲。泽凡尼被格里戈吓坏了，他很快就倒下了，因为格里戈朝着他开了两枪。

此时，格里戈的两个妹妹——5 岁的雅依和两岁的安吉丽娜也被枪声惊醒了。姐妹俩十分害怕，就抱在一起哭了起来。格里戈在路过妹妹房间的时候听到了哭声，他走进房间，开枪将两个妹妹杀死。

这样一来，家里只剩下格里戈一个人，他没有离开，而是将手中的那把22 口径的枪收了起来，拿了一把自动步枪，在客厅里静静等待着在教堂值班的父亲回家。

凌晨 5 点左右，51 岁的格莱格回家了，就在他准备像往常一样洗漱后睡觉时，他被格里戈射杀了。杀死父亲后，格里戈来到二楼，拿了母亲的厢式货车的钥匙，并将两把手枪的弹匣装满后，就开车离开了家。

格里戈开车来到了一家超市的门口，他在这里待了一个小时，想要在这里展开一场大屠杀，然后引来警方。按照格里戈的设想，他最后会在和警方的激烈枪战中英勇牺牲。但幸运的是，格里戈并未采取行动。

之后，格里戈来到了女朋友家。格里戈在射杀家人前，曾和女朋友相约各自射杀自己的家人。但格里戈的女朋友并未遵守约定。来到女朋友家后，格里戈告诉她自己射杀家人的整个过程，还将尸体的照片发给女朋友看，他对女朋友说自己真是疯了。晚上 8 点左右，格里戈离开了女朋友家，他开车来到了父亲工作的教堂，对门卫说，自己的家人遇害了。

格里戈为什么要杀死自己的家人呢？在审讯过程中，格里戈对警方说他总是被父亲虐待，他再也不想忍受父亲的压迫，所以就杀了父母。对于为什么杀死弟弟妹妹的问题，格里戈解释说他必须做得彻底。但警方通过调查发现，事实根本不是这样。

格里戈一家是非常虔诚的基督徒，在教育孩子的时候，格莱格和妻子萨拉十分严谨和认真，会尽量让孩子们与周围的世俗社会保持距离。但当格莱格和萨拉得知长子格里戈谈了一个 12 岁的女朋友时，他们的态度反而十分宽容，任由两个人的恋情自由发展。

格里戈只是一名 15 岁少年，他的作案工具是从哪里获得的呢？他是什么时候学会使用手枪的呢？格里戈的作案工具是从家里得到的，他开枪也是父亲教的。格里戈作案所使用的两把手枪均登记在父亲的名下。

根据格里戈姑姑所提供的信息，格里戈的家中曾遭遇过一次抢劫，当时萨拉带着孩子们躲在卧室内，并对抢劫犯撒谎说自己手中有枪。萨拉就这样成功吓退了抢劫犯，保护了自己和孩子们的安全。从那以后，格莱格就购买了几把手枪，并开始教格里戈如何使用手枪。格莱格这么做是为了家人的安全着想，他希望自己不在家的时候，长子可以保护母亲和弟弟妹妹。

通常情况下，格莱格会将手枪放在枪柜里，不过枪柜并没有上锁，他认为这样可以随时应对突发状况，让家人方便从枪柜里拿枪保护自己。但让格莱格万万没想到的是，长子格里戈居然会拿枪射杀自己的家人。

格里戈的亲属得知他家发生的惨剧后，纷纷表示不相信格里戈是凶手。格里戈的叔叔认为是警方在审讯过程中故意误导格里戈，格里戈只是一个 15 岁的少年，在没有律师、父母或成年人的陪同下，独自在审讯室被警方审问时很容易被误导。

安妮特是格里戈的姐姐，她已经结婚，在案发的时候她不在家。当安妮特得知格里戈就是杀死家人的凶手时，她根本不相信。在安妮特看来，格里戈并不像媒体所报道的那样是个小恶魔，格里戈在生活中是个乐观开朗的男孩。安妮特表示，如果格里戈真的是凶手，那么他的精神一定出现了严重的问题，希望法庭能给格里戈一个机会。

格里戈的姑姑表示，自从得知哥哥一家发生的悲剧后，她就一直沉浸在失去亲人的痛苦之中，但她更同情格里戈。在她看来，格里戈虽然犯下了严重的罪行，但他还只是个孩子，他不应该被送到少管所，而是应该被送去接受精神治疗。格里戈的姑姑和安妮特一样，都希望法庭能给格里戈一个改过自新的机会，她认为格里戈很可能是受到暴力游戏的影响才犯下了这么严重的罪行，此时的格里戈一定有所醒悟了，他一定非常痛苦。

在庭审过程中，格里戈的辩护律师声称警方所提供的格里戈的证词不能作为证据出现在法庭上，因为格里戈在交代罪行时没有律师和家人在场。也就是说，警方违反了"米兰达侦讯警告"。

米兰达侦讯警告是美国一项十分重要的法院判例。一个犯罪嫌疑人在被警方抓捕后，有权保持沉默以及要求律师代表自己发言。如果犯罪嫌疑人不保持沉默，那么他的所言就可以作为指控他犯罪的证据。不过犯罪嫌疑人也有权在接受警方审讯的时候要求律师在场，他还可以向律师进行咨询。如果犯罪嫌疑人请不起律师，那么法庭会免费为他提供一名律师。此外，警方在审讯前，必须得告知犯罪嫌疑人米兰达侦讯警告的内容，不然所得到的讯问内容就不能作为证据。

对于辩护律师的说辞，控方提出了反驳，因为格里戈在接受审讯前，警方已经将米兰达侦讯警告的内容告诉了他，并询问格里戈是否需要律师或家属在场。格里戈拒绝了，然后对警方坦白了自己的罪行。

由于格里戈只有 15 岁，是未成年人，因此，检方和辩方一直在争论该怎么量刑，是以成年人的标准，还是以未成年人的标准呢？如果按照成年人的标准，那么格里戈就会被控一级谋杀罪，他将面临至少 200 年的监禁；如果以未成年人的标准，那么格里戈几年后就能获得自由。2016 年，法庭以未成年人犯罪的量刑标准判决了此案，当时格里戈已经 18 岁，他在两年后就能重获自由了。

【未成年人的品行障碍】

格里戈从射杀家人到报案，再到最后向警方交代所有犯罪行为，在整个过程中都表现得十分冷静，似乎没有掺杂任何感情。在格里戈的亲属看来，格里戈只是一时糊涂，甚至有人认为格里戈是受到了暴力游戏的影响。如果真是如此，那么格里戈应该会表现出悔恨，事实恰恰相反，他非常冷静。

调查研究发现，一小群人在儿童期或青春期就已经表现出了反社会倾向，他们的人格有一个非常明显的特征，即冷酷无情。对于像格里戈这样的人来说，尽管他还是个未成年人，但他已经出现了品行障碍，他的情感表达能力是匮乏的，他没有愧疚感，无法与他人，甚至是自己的家人产生共情。因此格里戈才会犯下如此严重的罪行。如果格里戈没有品行障碍，只是一时冲动杀了人，那么，他在射杀母亲后就该停手，他也不会静静地等待父亲的到来。

在接受审讯的时候，格里戈很快就交代了犯罪事实，他似乎并不怎么在意后果。对于有品行障碍的未成年人来说，他不仅不害怕会因暴力行为而受到惩罚，反而认为，暴力是控制他人最有效的方式。

当一个人遇到一个令自己讨厌的未成年人时，通常会称对方为"熊孩子"。熊孩子不仅有十分旺盛的精力和破坏力，最关键的是他们还有《未成年人保护法》。对于一些少年犯来说，《未成年人保护法》会给他们一个改过自新的机会。但谁也不敢保证少年犯会改过自新，就像格里戈一样。可能格里戈会改过自新，也可能两年后重获自由的格里戈会成为影响社会安定的危险分子。